Historisk bakgrunn for en lesning av Freud

Til en viss grad , problemene er de som kan forventes i lesing europeiske verk av nesten alle slag som er fra 35 til mer enn f0 år gammel . Noen terminologi er bundet til å være utdatert , noen referanser til vitenskapelige og litterære arbeider , eller til da - aktuelle hendelser som Freud kunne anta hans samtidige lesere var kjent med formidle noe lenger eller gi misvisende inntrykk ; og en amerikansk leser som ikke kjenner de kontinentale litterære klassikere er spesielt tilrettelagt for funksjonshemmede . I stor grad , men ikke helt , den hengivne redaktør av Strachey forventer slike problemer og hans fotnoter gir nyttige forklaringer .
Andre problemer oppstår fra Freuds vane å anta at leseren visste hans tidligere arbeider , selv hans upubliserte seg. Dermed vil en god del som var uforståelig om
Kapittel 7 av Drømmetydning (Freud , 1900) ee.g. , hans referanse til udefinert og uforklarlig - systemsebecame forståelig bare etter den forsinkede publikasjonen
av kProjecti (Freud , 1f95) . Men i alle fall , har mange studenter av Freud påpekte nødvendigheten av å lese seg seguentially . Hans tanke kan ikke bli forstått hvis hans utvikle ideer blir tatt ut av sin egen kontekst . Heldigvis , den kronologiske bestilling av Standard Edition og av disse abstracts oppfordrer en slik lesning .

UTVIKLINGEN AV Freuds IDEER
Det var fire store og overlappende faser av Freuds vitenskapelig arbeid :

. En Hans prepsychoanalytic arbeid, som varte i ca 20 år , kan deles inn i en innledende 10 år med primært histologisk - anatomisk forskning og en delvis overlappende 14 år med klinisk nevrologi , med økende fokus på psykopatologi , som begynner i 1ff6 da han kom tilbake fra Paris.
2 . Den første teorien om nevroser dateres fra tiåret av 1f90 -tallet, da Freud brukte hypnose og Breuer sin rensende metode for psykoterapi , gradvis utvikle psykoanalytiske metoder for fri assosiasjon , drømmetydning , og analyse av overføring . De første Dolen virkelig psykoanalytiske papirer dukket opp i løpet av denne tiden ,
utlegge den oppfatning at nevrose er et forsvar mot utålelige minner om en traumatisk experienceeinfantile forførelse i hendene på en nær slektning . Med oppdagelsen av sitt egen Ødipus -komplekset , men Freud kom for å se at slike rapporter fra hans pasienter var
fantasier , noe som førte ham til å slå sin interesse bort fra traumatiske hendelser i den ytre virkeligheten
og mot subjektive psykiske virkelighet . Et bemerkelsesverdig , men først nylig oppdaget hendelsen i
utvikling av Freuds tanke skjedde i 1f95 etter publiseringen av boken han skrev med Breuer . Han skrev , men ikke publisere en kPsychology for Neurologistsi (eller

kProject for en vitenskapelig psykologi , jeg heretter kalt bare kthe Projecti) , presentere en
fullstendig anatomisk - fysiologisk modell for nervesystemet , og dens funksjon
i normal atferd , tenkte , og drømmer , så vel som i hysteri . Han sendte det til sin venn
Fliess i høy spenning , så guickly ble motløs av vanskelighetene med å skape en
grundige mekanistisk og reduksjonistisk psykologi . Han flikket på modellen for en
par år i brev til Fliess , og til slutt ga det opp .

Den århundreskiftet merket mange grunnleggende endringer i Freuds liv og arbeid : han

kuttet hans nære og avhengige vennskap med kolleger (første Breuer , deretter Fließ)
og hans kontakter med Wiens medisinske samfunnet ; hans far døde ; hans siste barnet
ble født ; han psychoanalyled selv; han ga opp nevrologisk praksis , forskning , og
konseptuelle modeller ; og han skapte sin egen nye yrke , forskningsmetode , og teori , i
forhold til hvilke han jobbet etterpå .
Tre . Freuds topografisk modell av kpsychic apparat " var grunnlaget for to
tiår med arbeid der publiserte han sine store kliniske funn : spesielt , The
Tolkning av Dreams (1900) og Tre essays om Theory of Sexuality (1905b) ; hans
papirer på technigue brukt i psykoanalytisk behandling ; hans fem store kasuistikker ;
den
sentrale verk av metapsychology ; og en rekke viktige undersøkelser og popularilations
av
hans ideer , i tillegg til hans viktigste anvendelser av hans teorier til vitser , litteratur og
kunst ,
biografi , og antropologi . En komplett eller metapsychological forklaring , skrev Freud i
1915 , krever nærværet kdescribing en psykisk prosess i sin dynamiske , topografisk og
økonomisk
aspekter " ethat er , i form av en teoretisk modell der de sentrale begrepene er
psykologiske krefter , strukturer og guantities av energi (Rapaport m Gill , 1959) .
Derfor
vi snakker om tre metapsychological synspunkter. Den topografisk modell , som var
først er fremsatt i kapittel 7 av Drømmetydning og ble ytterligere utdypet i
de metapsychological papirer av 1915 , conceptualiles trodde og atferd i form av
prosesser i tre psykologiske systemer: Bevisst , preconscious , og Bevisstløs
(ingen av dem har en eksplisitt locus i hjernen) .
4 . I den siste perioden , mellom de to verdenskrigene, Freud gjorde fire hovedtyper av
bidrag : den endelige formen av hans teori om instinktive stasjoner (Beyond the
Pleasure

Prinsipp , 1920) ; en gruppe av større ombygginger av både generell og klinisk
theoryemost spesielt, den strukturelle modellen av den psykiske apparat (The Ego og
Id , 1923) og teorien om angst og forsvar (hemninger , symptomer og angst , 1926a) ;

anvendelser av psykoanalyse til større sosiale problemer ; og en gruppe av bøker gjennomgå og reformulere sine teorier .
For å forstå strukturen i Freuds arbeid , er det nyttig ikke bare å vedta en slik utviklings tilnærming , men også for å vise sine teorier fra perspektivet av følgende tredelt klassifisering .
Først og best kjent er den kliniske teorien om psykoanalyse , med sin psykopatologi , sine beretninger om psykoseksuell utvikling og karakter formasjon, og lignende. Emnet i denne type theoriling består av store hendelser (både reelle og fantasied) i livshistoriene til personer , hendelser som skjer i løpet spenn av tid alt fra dager til tiår .
Denne teorien er aksjen i handelen av clinicianenot bare psykoanalytiker , men det store flertallet av psykiatere , kliniske psykologer , og psykiatriske sosialarbeidere . Løst referert til som kpsychodynamics , jeg har det selv trengt inn generell akademisk psykologi via lærebøker om personlighet .
For det andre , det er hva Rapaport (1959) har kalt den generelle teorien om psykoanalyse ,
også kalt metapsychology . Dens emne mattereprocesses i en hypotetisk synsk apparat eller , til tider , i braineis mer abstrakt og upersonlige ; og perioder tid involvert er mye shorterefrom brøkdeler av et sekund opp til et par timer . den prosesser behandles er stort sett de som forekommer i drømmer , tenker , påvirker og forsvar .
Freuds resonnement i å jobbe ut denne teorien er mye nærmere , og han gjorde mer bruk av

teoretiske modeller for den psykiske apparat . De viktigste verkene er kProject for en Vitenskapelig psykologi , i kapittel 7 av Drømmetydning , og metapsychological papirer .
Tredje er det som kan kalles Freuds fylogenetisk teori . Saksforholdet er mann som art eller i grupper , og de perioder involvert varierer fra generasjoner til evigheter . Her er Freuds store spekulasjoner , hovedsakelig evolusjonære og teleologisk i karakter . De inneholder ingen eksplisitte modeller av en synsk apparat , sysselsetter i stedet mange litterære ,
metaforiske konsepter . De viktigste verk av denne typen er Totem og Taboo (1913) , Beyond the Pleasure Principle (1920) , gruppepsykologi og Analyse av Ego (1921) , The Future of en Illusion (1927) , Civilization and Its Discontents (1930) , og Moses og
Monoteisme (1934 --- 193f) .
Hans kliniske bidrag er blant de tidligste av Freuds papirer som fortsatt blir lest, og han fortsatte å skrive i denne vene hele sitt liv . Som for de to andre typer teori , de store metapsychological verker kom tidlig , de viktigste fylogenetiske seg sent . Som Freuds begreper ble mer metaforisk og behandlet med slike eksterne forhold som menneskets ultimate opprinnelse og meningen med livet og døden , ble han mindre opptatt av å beskrive eller systematisk regnskap for kurset, og skjebnen til en impuls eller tanke.
Selv når Freuds verker leses i den rekkefølgen han skrev dem , mye gjenstår tilsløre hvis man ikke har noen oppfatning av den moderne status for vitenskapelig og

faglige spørsmål han ble diskutert . Heldigvis for oss , er moderne forskere leverer en god del av dette nødvendig bakgrunn (f.eks Amacher , 1965 , Andersson , 1962 ; Bernfeld , 1944 ; Ellenberger , 1970 ; Jackson , 1969 ; Spehlmann , 1953 ; se også Holt , 1965a , 196f) . den

relevante kapitlene i Ellenberger mesterlige historie er spesielt anbefalt for de lærde , men absorbingly lesbar måte som gir de sosiale og politiske så vel som vitenskapelige , medisinske , og generelle intellektuelle sammenhenger der Freud skrev . Her kan jeg ikke gjøre noe mer enn å ta for meg en rekke av de viktigste og mest relevante intellektuelle strømninger i det nittende århundre .

NATURPHILOSOPHIE AND sitt avslag
Måten for den romantiske opprøret som grovt characteriled alle aspekter av intellektuell livet i tidlig 1f00 hadde blitt utarbeidet av Naturphilosophie , en mystisk og ofte rhapsodic syn på naturen som perfundert med ånd og med motstridende ubevisste krefter
og som utvikler seg i samsvar med en indre , målrettet utforming. Ikke en tett sammensveiset skole , dens
konstituerende tenkere inkludert (i kronologisk rekkefølge) Kant , Lamarck , Goethe , Hegel ,
Schelling (kanskje den sentrale figuren) , Oken , og Fechner . Med unntak av Fechner , som levde fra 1f01 til 1ff7 , de alle levde athwart det attende og nittende århundre .
Naturphilosophie oppfordret recrudescence av vitalisme i biologi , promotert av den store fysiolog Johannes Muller , og stimulert en humanistisk skole romantisk medisin (Galdston , 1956) . I psykiatrien , ble første del av århundret dominert av reformene av Pinel , Esguirol , og deres tilhengere , som introduserte en æra av kmoral treatmentn : fast godhet i stedet for begrensninger , terapeutisk optimisme basert på etiologiske teorier om et mer psykologisk enn organisk kastet , og et forsøk på å involvere innsatte i anstalter i konstruktive aktiviteter .
Den tøffe - tenkende reaksjon på dette anbudet - minded epoken var sterkt hjulpet av fremskritt
blir gjort i fysikk og kjemi . Tre av Muller studenter , Brocke , du Bois -

Reymond , og Helmholtl , møtte Carl Ludwig i 1f47 og dannet en klubb (som ble Berlin Physical Society) til kconstitute fysiologi på en Chemico - fysisk grunnlag , og gi den avis el vitenskapelig rang med Physicsi (Ludwig , quoted av Cranefield , 1957 , s. . 407) . De har ikke lykkes i sine ærlig reduksjonistisk mål , men gjorde oppnå sine andre mål : å fremme bruk av vitenskapelig observasjon og eksperiment i fysiologi , og å bekjempe vitalisme . Seg imellom , holdt de til følgende program :
Ingen andre krefter enn de vanlige fysiske - kjemisk de er aktive i organismen. I de tilfeller hvor ikke samtidlg kan forklares med disse kreftene har en enten for å finne den

spesifikke måte eller form av deres virkning ved hjelp av den fysiske - matematisk
metode , eller til å anta nye krefter avis el i verdighet for kjemikaliet - fysisk krefter som
ligger i saken, kan reduseres til kraften av tiltrekning og frastøting , (du Bois - .
Reymond , guoted av Bernfeld , 1944 , s. 34f)
I Tyskland spesielt , denne materialistiske gjære av physicalistic fysiologi ,
mekanisme , og reduksjonisme ble den modusen , gradvis å sette romantisk medisin ,
vitalismen , og andre aspekter av Naturphilosophie til flukt . Hvor tidligere det hadde
vært
Synsk , Psycho - somatiske , og somatiske skoler i tysk psykiatri (se Earle , 1f54 , i
Hunter m MacAlpine , 1963 , pp. 1015 - 101F) , den Somatic gradvis vant ut ; Meynert
(Freuds lærer i psykiatri) , for eksempel , unnfanget psykiske lidelser å være
sykdommer
forebrain . Til tross for sin terapeutiske suksesser , ble moralsk behandling forvist
sammen med
sine psykogen (ofte seksuelle) teorier som Kold koner ' psykiatri , " i favør av strengt
organisk - hereditarian utsikt og svært lite i form av terapi (Bry m Rifkin , 1962) .
The University of Vienna medisinske skole var en utpost av den nye hyperscientific
biologi, med en av sine promulgators , Brocke , holder en stor stol og dirigere
Fysiologisk institutt (Bernfeld , 1944) . Ironisk nok , forteller Freud oss at hans
beslutning om å gå inn

medisinsk skole ble bestemt ved å høre kFragment på Nature " tilskrives Goethe
lese høyt på et offentlig foredrag . Denne korte prosadikt er et forbilde på
Naturphilosophie , og
det må ha svaiet Freud grunn av sin mangeårige beundring for Goethe og kanskje
på grunn av en klonging for filosofisk kunnskap , " som hadde dominert hans tidlige år ,
som han sa senere i et brev til Fließ. Evolution hadde vært en stor læresetning av
Naturphilosophie ; så
det er ikke overraskende at dette 17f0 dithyramb kunne være en del av et foredrag om
sammenlignende
anatomi , den disiplin som innredet mye av avgjørende bevis for Darwins Origin of
Arter (1f59) .

ENERGI-OG UTVIKLING
Kanskje de to mest spennende konsepter av det nittende århundre var energi og
evolusjon. Begge disse sterkt påvirket Freuds lærere ved den medisinske skolen .
Helmholtl hadde lest til 1f47 gruppen hans grunnleggende oppgave om bevaring av
energyepresented som et bidrag til fysiologi . Tretti år senere , Brocke foredrag
var fulle av de nærstående (og fortsatt dårlig differensierte) begepene energi og
kraft. For å bruke disse dynamiske begreper var den meget kjennetegn på den
vitenskapelige tilnærming ;
Brocke lært at kreal årsakene er symboliled i vitenskapen ved ordet hforce '
" (Bernfeld , 1944 , s. . 349) . Det synes åpenbart at den første av Freuds tre
metapsychological

standpunkter , den dynamiske (forklaring i form av psykologiske krefter) , hadde sin opprinnelse i
denne spennende forsøk på å heve den faglige nivået på fysiologi ved flittig bruk av mekanikk og spesielt av dynamikk , den grenen av mekanikere som arbeider med krefter og
bevegelseslovene . Den tungt guantitative vektlegging av skolen av Helmholtl og dets stress på energi er klart de viktigste faktorer som bestemmer metapsychology sett fra økonomisk synspunkt (forklaring i form av guantities av energi) . Det faktum at blant

Forfatterne Freud respektert fleste , slike ulike tall som Fechner og Hughlings Jackson holdt til dynamiske og økonomiske synspunkter uten tvil styrket Freuds unguestioning overbevisning om at disse synspunktene er helt nødvendige elementer i en forklarende teorien .
Til tross for sin physicalistic program , selve arbeidet med Brocke institutt var i stor grad klassisk fysiologi og histologi . Freud hadde hatt sin darwinistisk vitenskapelig dåp i henhold
Claus i en mikroskopisk søk etter savnede testiklene av ål , og hans mange forsøk på fysiologiske og kjemiske eksperimenter under øvrig regi var resultatløst . Han var fornøyd ,
Derfor , for å bo på mikroskop hvor Brocke tildelt ham neurohistological studier , inspirert av og bidra til evolusjonsteorien. Da han jobbet med Meynert , det var igjen i en strukturell disiplin med en genetisk methodethe studie av hjernen anatomi ved hjelp av en
serie av fosterets hjerne til å spore medullar trasé ved å følge deres utvikling . hans subseguent klinisk praksis var i nevrologi , en disiplin som, som Bernfeld (1951) har bemerket , var nmerely en diagnostisk anvendelse av anatomy.i Videre Freuds første full - skala
teoretisk modell, kProjecti av 1f95 , er først og fremst en teori om den strukturelle organilation av hjernen , både brutto og fine. Hans tidlige trening dermed beviselig overbevist ham om at en vitenskapelig teori må ha en strukturell (eller topografisk) basen .
Det var Bernfeld (1944) som først påpekte påfallende antitetisk innholdet i disse to coexisting intellektuell traditionseNaturphilosophie og physicalistic physiologye som begge dypt påvirket Freud , og i den rekkefølgen. I hans publiserte arbeider , for å være
slkker, kan noppo noe av Naturphilosophie sees i avisene og bøker av hans første to perioder , og det dukket opp nesten helt i det jeg har silert ovenfor som hans fylogenetisk ,

spekulative verk . Mange egenskaper av hans begrep om psykisk energi kan likevel være
spores til vitallsmen som var et fremtredende trekk ved Naturphilosophie (Holt , 1967) .

Videre kan disse to skoler tanke også sees som bestemte manifestasjoner av
enda bredere, mer inkluderende likene av ideer , som jeg kaller (etter Chein , 1972)
bilder av
mann .

Freuds humanistisk IMAGE OF MAN

Ingen av Freuds bilder var spesielt originalt med ham ; hver var hans personlige
syntese av et legeme av ideer med en lang historie kultur , uttrykt og overført til ham
i betydelig del gjennom bøker vi vet han leste . Lenge før og lenge etter Freud
bestemte seg for å bli forsker , var han en ivrig leser av de Fiksjon klassikere som er
ofte betraktet som kjernen i vestlig manns humanistisk arv . Han hadde en utmerket
liberal
og klassisk utdannelse , noe som ga ham en grundig innføring i de store verkene av
gresk ,
Latin, tysk og engelsk forfattere , samt Bibelen , Cervantes , Moliere , og andre
store forfattere i andre språk , som han leste i oversettelse. Han var en mann med dyp
kultur , med en livslang lidenskap for lesing poesi , romaner , essays, og lignende, og
for
lære om klassisk antiguity spesielt , men kunst generelt , gjennom reiser ,
innsamling, og personlig kommunikasjon med kunstnere , forfattere, og nære venner
som hadde

lik smak og education.2 og til tross for hans senere , negative kommentarer om filosofi ,
deltok han ikke mindre enn fem kurs og seminarer med den anerkjente filosofen -
psykolog Brentano under sine år ved universitetet i Wien .
Svært få av de mange nonphysicians som ble trukket til psykoanalyse og som ble en
del av Freuds sirkel ble opplært i kharderi eller naturvitenskap . Hovedsakelig , kom de
fra humaniora . For hver Waelder (fysiker) det var noen som Sachs og Kris (studenter
primært av litteratur og kunst) . Sikkert dette forteller oss noe , ikke bare om
påvirkninger på Freud , men den slags mann han var , den oppfatning av mennesket
som han levde og som ble formidlet av subtile midler til hans co - arbeidere.
På ulike måter , da, Freud kom under innflytelse av den rådende bildet av mannen
formidlet av viktig sektor av vestlig kultur vi kaller humaniora . La meg nå skissere noen
av de viktigste komponentene i dette bildet av mannen , som kan bli skjelnet i Freuds
skrifter .
En . Mennesket er både en dyr og noe mer , en skapning med ambisjoner til
guddommelighet . Således, har han en dobbelt karakter. Han besitter kjødelige lyster ,
vegetative funksjoner , grådighet og begjær etter makt , destruktivitet , egoistisk
bekymring med maximiling glede og minimiling smerte ; men han har også en evne til å
utvikle kunst, litteratur , religion , vitenskap , og philosophyethe abstrakte sfærer av
teoretisk og estetisk valueseand å være uselvisk , altruistisk , og nurturant . Dette er et
komplekst syn på mennesket fra begynnelsen , som en skapning som bryr seg dypt om
høyere samt lavere saker .

2 Ellenberger (. 1970 , s. 460) forteller oss at Freud viste dramatikeren Lenormand kthe verker av Shakespeare og av de greske tragedians på hans pofficeq hyller og sa : . HHere er mine mestere ' Han hevdet at de sentrale temaer i hans teorier var basert på intuisjon av poets.n

2 . Hvert menneske er unigue , men alle mennesker er like, én art , hver og en som menneske som
hvilken som helst annen . Denne antakelsen bærer en sterk verdi engasjement også, til proposisjoner
at hver person er verdig til å bli respektert og å bli hjulpet , hvis du er i trøbbel , for å leve opp til
Omfanget av sin kapasitet, men de kan være begrenset . Freud var en av de viktigste bidragsytere av en viktig forlengelse av denne antakelsen gjennom sin oppdagelse at det
var faktisk metode i galskapen (som Shakespeare visste intuitivt) , som sinnssyke eller psykisk syke kunne forstås og faktisk ble påvirket av de samme grunnleggende ønsker som
andre menn . Derfor, i tradisjon med slike psykiatere som Pinel , Freud gjorde mye for å reassert menneskeheten av den mentalt og følelsesmessig unormal og deres kontinuitet med
normalen.
Tre . Mennesket er en skapning av lengsler , en striver etter mål og verdier , etter fantasier og bilder av tilfredstillelse og av fare. Det vil si , er han i stand til å forestille seg mulige fremtidige tilstander av glede , sensuell glede eller åndelig oppfyllelse , og av smerte , ydmykelse , skyldfølelse , ødeleggelse , etc. ; og hans oppførsel er styrt og drevet av ønsker om å få tak i de positive mål og å unngå eller opphever de negative , hovedsakelig angst .
4 . Mennesket er en produsent og prosessor av subjektive meninger, etter som definerer han seg selv , og en av hans sterkeste behov er å finne hans liv meningsfylt . Det ligger implisitt i den humanistiske bildet som betydninger er primær , irredusibel , årsaks effektiv , og av komplett verdighet som en gjenstand for systematisk interesse . Psykopatologi , følgelig er unnfanget av i form av mistilpasset komplekser eller konfigurasjoner av ideer, ønsker , konsepter, persepter osv.

5 . Det er mye mer til mann enn han vet eller vil vanligvis ønsker oss til å tenke mer

enn det som er til stede i hans bevissthet , mer enn det som er presentert for den sosiale verden i offentligheten.
Denne hemmeligheten side er usedvanlig viktig . Betydningene som angår en person de fleste ,
inkludert fantasier og ønsker, er aktiv hele tiden uten bevissthet , og det er vanskelig

for folk å bli klar over mange av dem . For å forstå en person virkelig , er det derfor nødvendig å kjenne hans subjektive, indre lifeehis drømmer, fantasier, lengsler , preoccupations , angst, og den spesielle farge som ser han den ytre verden . av sammenligning er hans lett observeres , utilslørt adferd mye mindre interessant og mindre viktig .

. 6 Indre konflikt er uunngåelig på grunn av mannens dualitiesehis høyere og lavere natur, bevisste og ubevisste sider ; Videre har mange av hans ønsker er gjensidig inkompatible eller bringe ham i konflikt med krav og press fra andre mennesker .

7 . Kanskje den viktigste av disse ønskene består komplekset instinkt av kjærlighet , hvorav seksuelle begjær er en stor (og seg selv komplisert) del . Menneskets trang for seksuell nytelse er nesten alltid sterk , vedvarende , og mangefasettert , selv når det virker grundig hemmet eller blokkert , og kan bli løsrevet fra kjærlighet . Samtidig , Freud var alltid følsomme for de mange former for sinne , hat og destruktivitet , lenge før han formelt erkjent dem med sin teori om dødsinstinktet.

f . Mennesket er et intenst sosialt vesen , hvis liv er forvrengt og unormal hvis ikke innviklet i et nett av relasjoner til andre peopleesome av disse forholdene formell og institutionaliled , noen uformelle, men bevisst og bevisst , og mange av dem ha viktige ubevisste komponenter . De fleste menneskelige motiv systemer er mellommenneskelige i karakter , også: vi elsker og hater andre mennesker . Dermed er det viktig realitet for mannen sosiale og kulturelle. Disse Sullivanian - klingende forslag er klart implisitt i Freuds

kasuistikker .

9 . Et sentralt trekk ved dette bildet av mannen er at han er ikke statisk , men er alltid changinge utvikle og fallende , utviklende og late . Hans viktigste ubevisste motiver stammer fra erfaringer i childhoodethe barnet er far til mannen . Mennesket er en del av en evolusjonær universet , og dermed i prinsippet nesten uendelig perfectible men i praksis alltid gjenstand for tilbakeslag , fikseringer , og regresjoner .

10 . Mennesket er både aktiv herre over sin egen skjebne og leketøy av hans lidenskaper . Han er i stand til å velge mellom alternativer , til å motstå fristelser og av styrende sine egne lyster , selv om han til tider er en passiv bonde av ytre press og indre impulser . Det gjør derfor fornuftig å prøve å håndtere ham på en rasjonell måte , å håper å kunne påvirke sin oppførsel ved å diskutere ting og selv oppfordret ham til å utøve sin vilje . Dermed har man både en id og en autonom ego .

Hentet fra en kropp arbeid der det har ingen systematisk sted , dette humanistisk bilde, som presenteres , er noe vag og dårlig organiled . Likevel ser jeg ingen egenverdi grunnen til at det ikke kunne bli explicated og utviklet på en mer systematisk måte .

Freuds mekanistisk IMAGE OF MAN

Dette humanistically utdannet og filosofisk tilbøyelig ung mann , avfyrt av en
romantisk og vitalistic oppfatning av biologien han ønsket å studere , dro til University
Wien medisinsk skole , der han fant seg selv omgitt av menn med stor prestisje og
intellektuell substans undervisning spennende vitenskapelige doktriner av en helt annen
type . han
gikk en forhastet konvertering først til en radikal materialisme , og deretter å
physicalistic
fysiologi , en rektor arving av det mekanistiske tradisjon som startet med Galileo og

søkt å forklare alt i universet i form av newtonsk fysikk .
Freud var i mange år under spell av Brocke , som han en gang kalte den største
autoriteten han noensinne har møtt. Flere av hans andre lærere og kolleger var også
entusiastiske medlemmer av det mekanistiske skole Helmholtl , særlig Meynert , Breuer ,
Exner , og Fliess . Utsiktene for denne smale men strenge doktrine var alltid etter å
forme Freuds vitenskapelige idealer , dvelende bak kulissene i sin theoriling , nesten i
rollen som en vitenskapelig superego . I denne forstand , tror jeg at det mekanistiske
bildet av mannen ligger under og kan bli skjelnet i Freuds metapsychological skrifter ,
selv når visse aspekter av det bildet ser ut til å bli motsagt .
I mange detaljer , er det mekanistiske bildet skarpt antitetisk til den humanistiske ett .
Jeg har forsøkt å få frem denne kontrasten i følgende katalog av forutsetninger .
En . Mennesket er en skikkelig gjenstand for naturfag , og som sådan er ikke forskjellig
fra alle andre objekter i universet . Alle hans oppførsel er helt bestemt , inkludert
rapporter om drømmer og fantasier . Det vil si, alle menneskelige fenomener er lovlig og
i prinsippet mulig å forklare ved naturlige - vitenskapelige , quantitative lover . Fra dette
utsikts , er det ingen mening å subdividing hans oppførsel eller å vurderer hans natur å
være dualehe er rett og slett et dyr , best forstås som en maskin eller apparat ,
sammensatt av geniale mekanismer , som opererer i henhold til Newtons lover om
bevegelse , og forståelig uten rester i form av fysikk og kjemi . Man trenger ikke å
postulere en sjel eller vitale prinsipp for å gjøre apparatet løp, selv om energi er et viktig
begrep . Alle de kulturelle prestasjoner som mennesket er så stolt , alle hans åndelige
verdier og lignende , er bare sublime av grunnleggende instinktive stasjoner , som de
kan reduseres .

. 2 Forskjellene mellom menn er vitenskapelig ubetydelig ; fra det mekanistiske ståsted ,
alle mennesker er i utgangspunktet det samme , å være underlagt de samme
universelle lover . Hovedvekten er lagt på å oppdage disse lovene , ikke på å forstå
bestemte individer . Følgelig tar metapsychology ingen notater av individuelle forskjeller ,
og ser ikke ut til å være en teori om personlighet .

3. . Man er fundamentalt motivert av den automatiske tendens til sin nervesystemet til å holde seg i det ustimulerte tilstand, eller i det minste å holde de spenninger på et konstant nivå . Den grunnleggende modell er refleksbuen: ekstern eller intern stimulus fører til aktivitet i CNS , som fører til reaksjon . Alle behov og lengsler må , for vitenskapelige formål , bli conceptualiled som krefter , spenninger som må reduseres , eller energier som søker utflod .

4 . Det er ingen plass for betydninger eller verdi i naturfag . Den omhandler quantities , ikke qualities , og må være grundig objektiv . Fenomener som tanker , ønsker, eller frykten er epiphenomenal ; de eksisterer , og skal forklares , men har ingen forklaringskraft selv. Energier i stor grad ta deres plass i den mekaniske modellen .

5 . Det er ingen klar antitese til den femte humanistisk forutsetning , den ene arbeider med
viktigheten av bevisstløs og hemmelig , innersiden av mennesket. En tilsvarende omformulering av samme punkt i mekanistiske termer kan være : bevissthet også er en epiphenomenon , tre og hva som skjer i en persons bevissthet er av ubetydelig interesse i forhold

3 Sann (som MM Gill har vennlig påpekte for meg) , i nProjectn Freud gjorde eksplisitt nekte at
bevissthet er en epiphenomenon . Likevel hele trenden i kProjectn krever utsikten han var uvillig
å espouse : det er et forsøk på å gjøre rede for atferd og nevrose i rent mekanistiske termer , uten at
intervensjon av eventuelle psykiske enheter i årsaks prosessen . Ja, jeg tror at det var hovedsakelig fordi han kunne
ikke lykkes i sitt mål uten å postulere en bevisst ego som agent i ferd med forsvaret , og fordi
han ikke kunne oppnå en tilfredsstillende mekanistisk forklaring av bevissthet , som Freud forlatt
kProject.n

til de travle aktiviteter i nervesystemet , de fleste som går på uten tilsvarende bevissthet . 6 . De mange styrker som opererer i apparatet som er mannen ofte kolliderer , noe som gir opphav til den subjektive rapport av konflikten .

7 . Prosessene sentimentalt kjent som kjærlighet er noe mer enn forkledninger og transformasjoner av seksuelle instinkt , eller , mer presist , sin energi (libido) . Selv platonisk kjærlighet er bare å sikte - hemmet libido . Sex , ikke kjærlighet , er derfor den viktigste motiv . Og siden den grunnleggende tendensen av nervesystemet er å gjenopprette en tilstand av unstimulated eguilibrium , er den totale passivitet døds sitt endelige mål . Rage og destruktivitet er bare forkledninger og transformasjoner av død instinkt .

f . Objekter (som er å si , andre mennesker) er viktig bare i den utstrekning de gir stimuli som setter psykisk apparat i bevegelse og gi nødvendige forutsetninger for reduksjon av indre spenninger som bringer den til hvile igjen . Relasjoner som sådan er ikke ekte ; en psykologi kan være komplett uten å vurdere mer enn den enkelte apparater og hendelser innen det , pluss den generelle klassen for ytre stimuli . Reality inneholder konly masser i bevegelse og ingenting elsei (Freud , 1f95 , s. . 30f) . . 9 Den genetiske vekt er ikke veldig forskjellig for Freud som mekanist og som humanist , så la oss gå til det siste punktet :

10 . Siden menneskets atferd er strengt bestemt av hans tidligere historie og av moderne arrangement av krefter , er fri vilje en uholdbar illusjon . For å tillate tanken på autonomi eller valgfrihet skulle tilsi spontanitet i stedet for passivitet i den nervøse system , og vil undergrave assumptioneconsidered vitenskapelig necessaryethat

atferd bestemmes strengt av de biologiske stasjoner og av ytre stimuli .

Implikasjonene av de to bildene
Psykoanalytisk teori som vi vet det er en vev av kompromisser mellom disse to motstridende bilder. Påvirkningen av det mekanistiske bildet er tydeligst i metapsychology ,
hvor den generelle struktur av de store påstander , så vel som en god del av den terminologi kan ses å utlede direkte fra eksplisitt mekanistisk og reduksjonistiske modellen av kProject.i Det mest slående endringen ble Freuds forlate en
anatomisk - nevrologisk rammeverk for det abstrakte tvetydighet av kpsychic apparat , jeg
der strukturer og energier er synsk , ikke fysisk . Ubevisst , tok Freud en stupe inn i kartesiske metafysisk dualisme , men avverget det han følte var antiscientific trussel av den humanistiske bildet ved å fortsette å hevde ultimate forklarende
strøm til metapsychology i motsetning til den teoretisk mindre ambisiøse formulering av kliniske observasjoner i språket som var nærmere det av hverdagen . Og i den metapsychology , ved å bruke trikset med å oversette subjektive lengsler inn terminologien
av krefter og energier , gjorde Freud ikke å ta behavioristic tack av avvise indre verden ; ved å erstatte don subjektive , villig selv med egoet definert som en synsk struktur , var han i stand til å gi nok autonomi for å oppnå en rettferdig passform med klinisk
observasjon.
Uten realiling det derfor Freud ga ikke opp den passive refleks modell av organisme og det nært beslektede physicalistic konsept av virkeligheten selv når han legger til side
bevisst neuropsychologiling . Selv om han eksplisitt utsatt ethvert forsøk på å relatere gjelder metapsychology til prosesser og steder i kroppen , byttet han psykologisk

teorier som bærer samme byrden av foreldede forutsetninger.
Forholdet mellom den humanistiske bilde og Naturphilosophie gjenstår å være
avklares . På en måte kan den sistnevnte betraktes som en del av den førstnevnte ;
ennå i en rekke
respekterer den har en spesiell status . Jeg tenker på det som en besynderlig europeisk
intellektuell anomali ,
naturlig sammenheng med sin matrise av tidlig nittende - tallet ideer og allerede
anakronistisk
av Freuds tid . Hvor den moderne temperament (selv i historie og andre samfunnsfag)
ser for detaljerte , prosaiske kjeder og nettverk av påviselige årsaker , de intellektuelle i
den tiden så ingenting galt med å postulere en konseptuell snarvei , en ad hoc kforcei
eller
kessencei eller annen teoretisk deus ex machina som en observert utfallet var
direkte tilskrevet . Løse analogier ble lett akseptert som adeguate middel for å danne
hypoteser (vanligvis genetisk) , og knapt noen grep skillet mellom
genererer en plausibel lys idé og nådde en forsvarlig konklusjon . Til denne
temperament,
frekkhet var mer å bli beundret enn forsiktighet . En briljant uventet kobling av hendelser
eller fenomener var en bedre prestasjon enn en møysommelig spikret - ned konklusjon .
Således
grand feie av Darwins ideer fanget publikum fancy , preconditioned som det var av en
arven Naturphilosophie , mye mer enn hans ekstraordinære samling av detaljert
empiriske bevis . Darwin gjorde ikke introdusere ideen om evolusjon ; hans bidrag var å
trene i overbevisende detalj en nonteleological mekanismen som gradvis opprinnelse
artene kunne gjøres rede for . Det var en ironi faktisk at boka hans virket i
populær tankene en bekreftelse av de teleologiske , selv animistiske , forestillinger om
Naturphilosophie ,
selv om det har vært mange slike hendelser i vitenskapens historie . Kanskje de fleste
folk tilnærming nye ideer kassimilativelyn (for å bruke Piaget sikt) , og reduserer dem til
deres
nærmeste eguivalent i bestanden av allerede eksisterende konsepter , slik at en
revolusjonær

Forslaget kan ende opp med å forsterke en reaksjonær ide .
Man kan til og med hevde at det i verden i dag , den viktigste funksjonen til grand ,

integrerende speculationsephilosophical eller pseudovitenskapelig h htheories av universeieis

å hjelpe ungdom få en midlertidig intellektuell mestring av forvirringen de opplever på den plutselige utvidelse av sine horilons , både følelsesmessige og ideelle . I en forstand ,

Freud medisinstudenten var guite begrunnet i følelsen av at hans Nature - filosofisk leanings var blant de barnslige ting som en mann måtte sette bort . Jones (1953 , s. . 29)

skriver at når han en gang spurte Freud hvor mye filosofi han hadde lest , er svaret kom : kVery lite . Som en ung mann jeg følte en sterk dragning mot spekulasjon og hensynsløst sjekket it.i

På bakgrunn av dette og mange relevante bemerkninger og passasjer , har jeg summariled (se

tabell) aspekter av Freuds tanker som synes sporbar til Naturphilosophie og til hans filosofiske studier med Brentano , sammen med sine kolleger , trukket fra tradisjon for mekanistisk vitenskap og spesielt fra Freuds egen læretid i physicalistic fysiologi . Til en ukjent omfang , kan enkelte elementer til venstre har utledet

fra andre humanistiske kilder , men dette synes mest sannsynlig. (Bevis for at forskjellige elementene som var forbundet på den måte som er angitt er presentert i Holt, 1963.)

Freud vanligvis snakket nedsettende om alle de metoder og prosedyrer i den formelle fag , som i det guotation ovenfor, hvor det er å merke seg (og karakteristiske) at han eguated filosofi og spekulasjon . Fradrag , helheten av en teori dekning , og streng definisjon ble forbundet i sitt sinn, med sterile , formalistiske aspekter av

Tabell 1 : Latent Oppbygging av Freuds Metodiske Forestillinger

Avledet hovedsak fra Avledet hovedsak fra
filosofi , spesielt physicalistic fysiologi :
Naturphilosophie :
Tilknyttet filosofi ; akademisk fysiologi ;
disipliner : filosofisk psykologi nevropsykologi ;
metapsychology
Nature of komplett , omfattende Partial , ad hoc- teorier
theoriling : teorier , med presis med famlende upresist
definisjoner av begreper definerte begreper
Prosedyrer Deduktiv prosedyre , bruker induktiv prosedyre
og matematikk ; (nonformalistic) ;
metoder : spekulasjon ; cyntese observasjon ; disseksjon ;

analyse

filosofi . Og ennå (kanskje på grunn av broen - begrepet evolusjon) , Naturphilosophie
og resten av dette komplekset av ideer ble knyttet i Freuds sinn med darwinistisk biologi
og til den tilsvarende genetisk disiplinen arkeologi . Disse respekt vitenskaper som ,
i motsetning til filosofi og matematikk , var konkret empirisk , rekonstruert fjern
fortid av mannen av en genetisk metode . Kanskje tanken på at han fulgte sin metode
aktivert Freud , endelig , å hengi sin lange - trykt lengsel for bred , spekulativ
theoriling . I sin selvbiografi (. Freud , 1925 , s. 57) , skrev han : KIN verk av min
senere
år (Beyond the Pleasure Principle , gruppepsykologi og Analyse av Ego , og The
Ego og Id) , har jeg fått frie tøyler av helling , som jeg holdt nede så lenge, til
spekulasjon .... jeg
På en måte , selvfølgelig , er det bare en forlengelse av fremgangsmåten for genetisk
gjenoppbygging til
gå tilbake utover begynnelsen på et individuelt liv og forsøke å spore utviklingen av
sosialt delte skikker i større livshistorien til et folk , som Freud gjorde i Totem og

Tabu . Oppfatningene om Haeckel (som ontogenetiske sammenfatter fylogeni) og av
Lamarck (som acguired egenskaper kan gis videre genetisk) ble allment kjent i løpet
av Freuds vitenskapelig formative år og hatt en langt mer utbredt aksept av den
vitenskapelige verden enn de gjorde i løpet av Freuds senere år . Denne aksept gjorde
det vanskelig for ham å gi dem opp . Hvis de funksjonelle antropologer hadde dukket
opp en generasjon tidligere , og hvis den evolusjonære tilnærmingen ikke hadde vært
så populariled av Sir James Fraler , kanskje Freud har vært i stand til å forstå hvordan
gjennomgripende og bevisstløs i fordelingen av en kultur kan være . Denne intrikate
samtrafikk gjør det mulig for kultur som skal overføres via subtile og nesten umerkelige
typer læring , et faktum som obviates hva Freud (1934e3f) erklærte var
nødvendigheten som en sosial psykologi bør postulere arv av acguired egenskaper .

Freuds Kognitiv stil

La oss vende oss til den siste store kilden til vanskelighetene den moderne leseren
møter i forståelse Freud : hans kognitive stil . Alle som har lest Freud i det hele tatt kan
reagere på at forslaget med forbauselse , for Freuds stil er mye beundret for sin
gjennomsiktig klarhet . Selv i oversettelse , er Freud levende , personlig og sjarmerende
direkte på en måte som gjør ham svært lesbar ; han bruker fantasifulle og originale
figurer av tale , og ofte fører leseren sammen med en form for trinnvis utvikling som gjør
ham i stand til å trenge inn i vanskelige eller ømfintlig områder med et minimum av
innsats . Alle som har lest mye av hans diktning kan lett forstå hvorfor han fikk Goethe
Prile for litteratur .
Likevel er det stilistiske uforstående til ham ; men de forholder seg til sin
kognitive, ikke hans litterære stil . Et par tiår siden George Klein (1951 , 1970) laget
begrepet kognitiv stil å bety fordelingen av en persons måter å ta i , foredling ,

og formidling av informasjon om hans verden . Freud har en idiosynkratisk måte ikke bare av
å skrive , men å tenke på, noe som gjør det overraskende enkelt for den moderne leseren til
feiltolke sin mening , å gå glipp eller forvrenge mange nyanser av hans tanke. For noen grad , kan jeg selv være subtilt forvrenge Klein konsept , for han operationaliled det i laboratorium , ikke biblioteket . Han presenterte personer med skjulte tall å være hentet fra
kamuflasje , serie sguares å bli dømt for prosjektil , og andre uvanlige oppgaver, noen av hans
egne og noen av andres devising . I motsetning til fremgangsmåter har jeg benyttes er mer lik de
av litteraturkritiker . Jeg har samlet notater på det som slo meg som karakteristiske måter

som Freud observert , bearbeidet data , innhentet ideer fra andre enn direkte midler observasjon , tenkte på dem , og sette sitt personlige preg på dem . Ved å gjøre det , Men jeg har vært ledet av min lange samarbeid med Klein og hans egen måte nærmer kognitive prosesser og produkter ; så jeg stoler på at jeg har vært tro mot ånden
av sitt bidrag , som nå er så utbredt som å være praktisk talt en del av psykologi største felles eiendom .

KARAKTER STYLE

Kanskje som en god plass å starte som noen er med Ernest Jones godt - kjent biografi . Mye av det lille som han har å si om dette emnet kan organiled i form av antiteser eller paradokser . Først av alt , det var en god del om Freud som var compulsively ryddig og hardt - arbeider . Han ledet en stabil , regelmessig liv der hans arbeid var en grunnleggende nødvendighet . Som han skrev til Pfister : Ki kunne ikke tenke med noen form for trøst et liv uten arbeid . Skapende fantasi og arbeid gå sammen med meg ; Jeg tar ingen glede i noe else.I Likevel gikk han videre, ville kThat være en resept for lykke var det ikke for den forferdelige tanken på at ens produktivitet avhenger helt av sensitive moodsI (Jones , 1955 , s. . 396f .) . Som Jones bringer ut , gjorde han faktisk jobber i rykk og napp , ikke guite så jevnt og regelmessig som, si , Virgil , men når stemningen var på ham .
Igjen , bemerkor Jones på kFreud er nøye med verbal detalj , den slående tålmodighet som han ville rakne betydningen av setninger og utterancesi (ibid. , s. . 39f) . På den annen side :
Hans oversettere vil bære meg ut når jeg bemerke at mindre uklarheter og tvetydigheter , av en type som mer samvittighetsfull varsomhet kunne lett unngås, er ikke den minst av sine studier. Han var selvfølgelig klar over dette. Jeg husker en gang å spørre ham hvorfor han

brukt en bestemt setning , betydningen av som ikke var klart , og med en grimase svarte han : (. 1953 , s. 33F .) kPure Schlamperein (slurv) .
Han var selv ikke en nitid oversetter, men en svært begavet ett . kInstead av møysommelig transkribere fra fremmedspråket , idiomer og alt , ville han lese et avsnitt , lukke boken , og vurdere hvordan en tysk forfatter ville ha kledd de samme tankene r Hans sette arbeid var både strålende og rapidi (Jones , 1953 , s. . 55) . Tilsvarende bemerkninger Jones på Freuds kguickness tanke og observationi generelt , og det faktum at kHis type tankene var som å trenge gjennom materialet til noe virkelig viktig utover i stedet for å dally eller leke med ITI (1955 , s. . 399) . Kort sagt , var han intuitivt snarere enn ploddingly systematisk .
Denne spesielle paradokset kan løses , tror jeg, ved erkjennelsen av at Freud var , i utgangspunktet , en besettende - compulsive personlighetsforstyrrelse , der denne typen ambivalens er kjent . Han hadde et godt mål på de grunnleggende anal trekk av ryddighet og tvangsmessig oppmerksomhet på detaljer ; men når det kom til sin arbeidsform med slike detaljer som den minste vending i å fortelle om en drøm (som bare en tvangsmessig ville ha lagt merke til i første omgang) , viste han en gave for intuisjon . Tross alt , som Jones aldri blir trett av å minne oss , var han et geni , en mann med ekstraordinær intelligens .

ART Freuds INTELLECT
Hva slags intelligens var det , thens Hvis vi vedta referanseramme av Wechsler intelligenstester , var det først av alt overveiende en verbal snarere enn en ytelse slags evne . Jeg har ikke sett noen bevis for at Freud ble spesielt begavet med hans
hender . Han mislyktes som en kjemisk eksperimentator (Jones , 1953 , s. . 54) , og selv om han var en god

microscopist og oppfant en ny vev flekk under sine år med vitenskapelig læretid i Brocke fysiologiske laboratorium , er det ingen bevis for at han var dyktig på mekanisk slutten av det. Han var aldri det vi kaller Håkan apparat mann , jeg en genial tinkerer.4 Forresten , den vanlig konsekvens av en markert høyere verbal enn ytelse 10 ville bli båret ut i Freuds tilfelle: Han ble sikkert aldri gitt til utagering , men var alltid en intellectualiler og internaliler . Videre kThat var det en markert
passiv side til Freuds naturen er en konklusjon som det er rikelig evidence.i Jones (. 1953 , s. 53) påpeker ; Khe bemerket en gang at det var tre ting som han følte unegual : styrende , herding , og educating.i Han ga opp hypnose som ka grovt forstyrrende
metodisk og snart abjured håndspåleggelsetil tross for at han behandlet flere av damene i Studies in Hysteria av fysisk massasje . Sitter guietly og lytte til gratis foreninger , svarer bare verbalt (i stor grad av tolkninger) , er metoden pari fortreffelighet av en mann med verbale gaver og en motvilje til å manipulere .
Innenfor området for verbal intelligens , kan vi gjøre noen mer konkrete uttalelser som

også . KHE hadde et enormt rikt ordforråd , jeg Jones (1955 , s . . 402) vitner , kbut han var
reversere av en pedant i ord . " Han visste åtte språk , har nok beherskelse av engelsk og fransk til å skrive vitenskapelige artikler på disse språkene . Det er en god del bevis mellom linjene i Freuds skrifter at modalitet av tanken hans var i stor grad verbal , som

4 NAS en ung lege jeg jobbet i lang tid ved Kjemisk institutt , uten å bli dyktigere i de ferdighetene som at vitenskapen krav ; og av den grunn i mitt våkne liv jeg har aldri likt å tenke på dette golde og faktisk ydmykende episode i min læretid . På den annen side har jeg en regelmessig tilbakevendende drøm om å jobbe i laboratoriet , for å gjennomføre analyser og for å ha ulike opplevelser der . Disse drømmene er ubehagelig på samme måte som eksamens drømmer , og de er aldri veldig tydelig . Mens jeg var å tolke en av dem , ble min oppmerksomhet til slutt tiltrukket av ordet ' analyse ' . som ga meg en nøkkel til deres forståelse . Siden de dagene jeg har blitt en hanalyst ' , og jeg nå gjennomføre analyser som er meget sterkt snakkes av ... n (1900 , s . . 475)

motsetning til imageless , visuell , auditiv eller kinestetisk . Han gir bevis for at han hadde vært en virtuell Eidetiker før godt inn i sin skolegang , men:
... For en kort periode av min ungdom noen uvanlige prestasjon av minne var ikke forbi meg .
Da jeg var en skolegutt jeg tok det som en selvfølge at jeg kunne gjenta utenat den siden jeg hadde lest ; og like før jeg gikk inn i Universitetet jeg kunne skrive ned nesten ordrett populære foredrag om realfag direkte etter å ha hørt dem .
(1901 , s . . 135)
Hans auditiv billedspråk kan være usedvanlig levende , også , i hvert fall inntil noen få år senere ,
da han studerte med Charcot i Paris . I løpet av disse dagene , forteller han , kl guite ofte
hørte navnet mitt plutselig oppringt av en umiskjennelig og kjære stemme , " som han går på
å referere til unblinkingly som en khallucination " (1901 , s . . 261) . Men han skriver om disse
erfaringer på en slik måte som å indikere at , i likhet med de fleste andre Eidetic kameraer , han gradvis
mistet evnen som han ble eldre . Sant nok, forble hans drømmer levende visuell , og han
tidvis var i stand til å få en kraftig visuell bilde i våkne liv , men han emphasiled at slike anledninger var eksepsjonell . På den annen side , har jeg har aldri funnet noen indikasjon på at
Freud var selv klar over at et slikt fenomen som imageless tanke foreligger ; skjønt etterforskere fra Galton til Anne Roe har funnet ut at det characteriles mange ledende Tallene i slike fag som matematikk og teoretiske physicsedisciplines at Jones spesifikt sier (1953 , s . . 33) Freud kunne aldri ha utmerket seg i .

Kanskje det er et hint her at Freuds tankene var ikke helt i teten så langt som svært abstrakt tenkning er bekymret. Sikkert han var ikke mye av en matematiker . Han en gang characteriled seg som følger:
Jeg har svært begrenset kapasitet eller talenter . Ingen i det hele tatt for naturvitenskap ; ingenting
for matematikk ; ingenting for noe quantitative . Men det jeg har, av en svært begrenset

natur , var trolig svært intensiv . (tuoted i Jones , 1955 , s. . 397)
Som vi skal se litt senere , denne relative svakheten i guantitative faktoren hadde en rekke merkbare effekter på Freuds måte å tenke på .
Å summarile så langt , i form av evner , hadde Freud en overveiende verbal intelligens og tenkemåte . Han var usedvanlig begavet på hukommelse , konsentrasjon , passiv (eller som han sa det , kevenly - suspendedi) oppmerksomhet , og kreativt konsept - formasjon. Hans gave var mer analytisk enn syntetisk , akkurat som hans preferanse var for det tidligere over sistnevnte aspekt å tenke på. Han hadde ingen merkbare gaver sammen sensorimotor , manipulerende , eller guantitative linjer , og heller ikke i de mest abstrakte typer tanker . Fremfor alt , kan det ikke være overflødig å legge til, han var produktiv , originalt og kreativt .

SELF - KRITISKE TVIL VERSUS SELF - TRYGG BESTEMMELSE
I går videre til noen mer stilistiske aspekter av hans tanke, skal jeg fortsette å forfølge antiteser . En slik er den kognitive siden av et fremtredende tema i Freuds personlighet : en
selv - kritisk, selv med pensjon og selv - tvile beskjedenhet versus en stor grad skjult og opphevet
tørst etter berømmelse kombinert med stor selvtillit - tillit. En rekke av de guotations både
Freud og fra Jones har rørt på seg selv - kritisk side , og beviset for hans dype - sittende lengsel etter å se sitt navn risset inn på en stein de aldre er allestedsnærværende i Jones tre
volumer , selv om disippelen gikk master i protest at det ikke var slik. Begge disse fasetter av Freuds tankene kommer ut i forhold til de ideene han nedfelt i Beyond the Pleasure
Prinsipp . Han skrev :
Det som følger er spekulasjoner , ofte langt - hentet spekulasjoner , som leseren vil vurdere eller avvise i henhold til hans individuelle forkjærlighet . (1920 , s. . 24)

og:
Det kan bli spurt om og hvor langt jeg er selv overbevist om sannheten av de hypoteser som er satt ut på disse sidene . Mitt svar vil være at jeg ikke er overbevist om meg selv og at jeg ikke søker å overtale andre mennesker til å tro på dem . Eller , mer presist , at jeg ikke vet hvor langt jeg tror på dem . ... Siden vi har et så godt grunnlag for å være mistenksom , vår holdning til resultatene av våre egne overveielser kan ikke godt være annet enn en av kjølig velvilje . (1920 , s. . 59)

Han talte , selvfølgelig , om hans mest kontroversielle spekulasjoner , de som om døden instinkt . Men bare noen få år senere , skrev han dette :

Til å begynne med var det bare forsøksvis at jeg fremmet synspunktene jeg har utviklet her , men i løpet av tiden har de fått et slikt tak på meg at jeg ikke lenger kan tenke på noen annen måte . Etter mitt syn , er de langt mer bruk fra et teoretisk ståsted enn noen andre mulige seg ; de gir at forenkling , uten verken ignorere eller gjøre vold til fakta , som vi streber etter i vitenskapelig arbeid . (1930 , s. . 119)

Kort sagt , han hadde en tendens til å bli så kaccustomed til facei av hans egne ideer som å vurdere dem uunnværlige og , til slutt , som etablert , selv om de ble opprinnelig presentert med stor beskjedenhet . Faktisk , så han tilbake på de vaklende spekulasjoner Beyond the Pleasure Principle som grunnlag for å støtte hans grunnleggende antakelse om at det måtte være to klasser av instinktive stasjoner :

Igjen og igjen finner vi , når vi er i stand til å spore instinktive impulser tilbake , at de avslører seg selv som derivater av Eros . Hvis det ikke var for de hensyn som er framsatt i Beyond the Pleasure Principle , og i siste instans for de sadistiske bestanddeler som har knyttet seg til Eros , bør vi ha problemer med å holde på våre grunnleggende dualistisk synspunkt pin instinkt teori) . (1923 , s. . 46)

Her har vi den første snev av en av de grunnleggende problemene som Freud kjempet ,

og som bidro til å forme innholdet i hans tanke . Å jobbe som han gjorde i et nytt felt , med ingen konvensjonelle kriterier for å etablere gyldig kunnskap , han måtte opprettholdes mot den uunngåelige selv - tvil , selv fortvilelse at det han gjorde kunne føre noe sted , etter en irrasjonell tillit til seg selv , en tro på at hans intuisjoner og hypoteser vil bli stadfestet , og til og med en viss grad av selv - bedrag som han hadde etablert poeng mer fast enn han faktisk hadde vært i stand til å gjøre .

Hans vilje til å vedvare i møte med hans erkjennelse av at fremgangen var vanskelig er godt uttrykt i følgende quotation :

Det er nesten ydmykende at , etter å ha jobbet så lenge , skal vi fortsatt være å ha problemer med å forstå de mest grunnleggende fakta . Men vi har bestemt oss for å forenkle noe og for å skjule noe . Hvis vi ikke kan se ting klart vi vil i hvert fall se klart hva de uklarheter er . (1926a , s. . 124)

En av de positive sidene ved Freuds evne til å være selv - kritisk var hans vilje til å endre hans ideer :

Vi må være tålmodige og venter friske metoder og anledninger av forskning . Vi må være klar , også , for å forlate en sti som vi har fulgt over en tid , hvis det ser ut til å være

fører til noe godt ende . Kun troende , som krever at vitenskapen skal være en erstatning for katekismen de har gitt opp , vil klandre en etterforsker for å utvikle eller transformere sitt syn . (1920 , s. . 64)
Hvis han var ikke alltid i stand til å leve opp til denne modige program , hvis han ikke klarte å recognile at
mange av hans unguestioned forutsetningene var ikke så axiomatically sant som han trodde , disse
er nødvendige conseguences av å være menneske . Freud ble sikkert vedvarende i hans lange
gjest ved en lidenskapelig interesse i å trenge inn i naturens mysterier og en evne til å bry seg
dypt om hans ideer . Alle de mer naturlig , derfor , at han burde ha hatt en tendens til tider

å miste vitenskapelig avløsning og forvirre hans begreper med realitetene . Dermed ville han se kthe hsuper - ego , "en av de senere funn av psychoanalysisi (1900 , s. 55F n 1 . .) , Eller å kthe oppdagelsen at egoet selv er cathected med libidoi (1930 , s. 11f . ; uthevelse tilføyd i begge guotations) . Da jeg snakket ovenfor om hans unguestioned forutsetninger , jeg hadde hovedsakelig i tankene passiv refleks modell av organismen , som er i dag beviselig falsk (Holt , 1965) . Likevel Freud det virket så selv - tydeligvis sant at han refererte til det som et faktum som han kunne funnet en av hans mest guestionable konstruksjoner :
Den dominerende tendens til mental liv, og kanskje av nervøs livet generelt , er arbeidet med å redusere , for å holde konstant eller for å fjerne indre spenninger på grunn av stimuli. . . ea tendens som kommer til uttrykk i lystprinsippet ; og vår erkjennelse av dette faktum er en av våre sterkeste grunnene til å tro på eksistensen av døds instinkter . (1920 , s. 55F ; . . Uthevelse tilføyd)
Et annet aspekt ved denne samme antitese var Freuds overbevisning at essensen av hva han sette frem var sannheten , noe som ville være fullt verdsatt bare av fremtidige generasjoner , kontra hans forventning om at mye av det han lærte ville bli guickly styrtet , som i følgende 1909 brev til Jung som svar på sistnevntes uttrykte frykt for at Freuds skrifter ville bli behandlet som evangeliet :
Din antagelse at etter min avgang mine feil kan bli beundret som hellige relikvier moret meg enormt , men jeg tror ikke det . Tvert imot , tror jeg mine etterfølgere vil skynde seg å rive så raskt som mulig alt som ikke er trygg og god i det jeg la bak . (tuoted i Jones , 1955 , s. . 446)
Freud viste her styrken i hans tro på at det var kjerner av evig sannhet samt agner i innhøstingen av hans arbeid .

ANALYSE VERSUS SYNTESE

En annen velkjent antitese i riket av tenkning er analyse versus syntese . Her ,
preferanse for oppfinneren og namer av psykoanalyse var klar og markert . I 1915 skrev
han til Lou Andreas - Salome :
I så sjelden føler behov for syntese . Den enhet av denne verden virker for meg noe
selv - forstått , noe uverdig av vekt . Hva interesserer meg er separasjon og bryte opp i
sine enkelte bestanddeler hva ellers ville flyte sammen til en ur- masse. . . . Kort sagt ,
jeg er tydeligvis en analytiker og tror at syntese tilbyr ingen hindringer når analysen er
oppnådd . (1960 , s. . 310)
Likevel, på tross av det faktum at konseptet med den syntetiske funksjon av ego er
assosiert mindre med Freud enn med Nünberg , sistnevntes papir ved dette navnet (
Nünberg , 1931) er i stor del bare en tegning sammen med punkter Freud laget i
forbifarten i mange sammenhenger. Freud kunne utføre bemerkelsesverdig prestasjon
av synthesiling mange frakoblet factsesee for eksempel hans mesterlige gjennomgang
av den vitenskapelige litteraturen om drømmer (1900 , Ch en .) Eand han lærte oss
mye om syntetisk funksjon ; likevel , hans evne og hans forkjærlighet kjørte
hovedsakelig langs linjene av analysen .

dialektikk dualisme
En grunn til at jeg har tatt i antitetisk metode i denne utstillingen er at en
preferanse for motsatte binære konsepter var i seg selv svært karakteristisk for Freuds
tenkning .
Selv i riket av kunst, han foretrakk balanse av klassisk antiguity ; et brev til
Romain Rolland i 1930 snakker om sin kHellenic kjærlighet av proporsjoner " (1960 , s. .
392) . og i
sin egen teori , er det sikkert en slående og godt - kjent faktum at hans store konsepter
kommer i
matchet motstridende par. Kanskje den mest bemerkelsesverdige er hans
motivasjonsteori i sine ulike

forkledninger . Ganske tidlig , pitted han bevisstløs ønske mot preconscious cathexis ,
deretter
libidinal versus egoet - instinkter , går videre til narsissistisk versus objekt - libido , til
Eros
versus døds instinktene (eller kjærlighet mot hat) ; men det var alltid en dual stasjon
teori . eller
husker kthe tre store motsetninger som dominerer mental Lifei : activityepassivity , egoe
ytre verden , og pleasureeunpleasure (. 1915a , s. 140 , uthevelse Freuds) , som
kan tilføyes at av masculineefeminine . Mange andre slike motsetninger kommer til
tankene:
guantity versus guality , autoplastic versus alloplastic , ego - syntonic versus ego -
fremmed ,
lystprinsippet versus virkeligheten prinsippet gratis versus bundet cathexis , og den
primære

behandle versus den sekundære prosess . Det er ikke vanskelig å vise at Freud
unnfanget av en
sammenhengende rekke faktiske tankeprosesser mellom de teoretiske ytterpunktene av
primær og sekundær prosess , men han vanligvis brukte dem i en dikotom mote.
Selv når han foreslo triader av begreper (Cs. , stk , og UCS ; . . Ego , superego og id) ,
hadde han
en sterk tendens til å redusere dem til binær form . Den 1923 arbeidet er , tross alt ,
med tittelen
bare The Ego og Id ; og skillet mellom bevisst og ubevisst alltid
imponert Freud som Kour ett fyrtårn - lys i mørket av dybde - psychologyi (1923 , s. .
1f) . Uttrykk som ambivalens og konflikt conceptualile denne egenskap som
grunnleggende fakta
psykologi . Faktisk kan man argumentere for at mange av de versene dynamiske
begreper er en
direkte conseguence av Freuds recogniling hvor viktig konflikten var i både normal og
patologisk utvikling .

TOLERERT MOTSIGELSER (syntese UTSATT)
Videre er Freuds tenkning characteriled av en uvanlig toleranse for inkonsekvens . Hvis
du gikk gjennom verk av enhver forfatter som produktive som Freud , vil du utvilsomt
finne
mange motstridende uttalelser, og mange påstander som faktisk er

uforenlig med hans grunnleggende forutsetninger . Men det er ikke vanskelig å finne
andre årsaker til tilstedeværelsen av uoverensstemmelser i Freuds arbeid foruten sin
rene bulk , som er enorm : hans preferanse for hva jeg skal forklare kort tid som
seriatim theoriling og stykkevis empiri , som begge er helt klart å bli forventet fra en
mann med en orientering bort fra syntese , og en tilstått slurv med begreper . Som
Jones sier det,
Han skrev lett , flytende, og spontant , og ville ha funnet mye omskriving kjedsommelig . . . .
en av hans viktigste kjennetegnene pwasq hans motvilje mot å bli hemmet eller lenket .
Han elsket å overgi seg til sine tanker fritt , for å se hvor de ville ta ham , forlater side for
øyeblikket noen guestion av presis avgrensning ; som kunne stå for videre behandling .
(1953 , s. . 33F .)
Riktignok gjorde han omskrive og revidere flere av hans bøker mange ganger .
Heldigvis , den
Standard Edition gir en variorum tekst og samvittighetsfullt informerer oss om enhver
endring ,
utgave etter utgave . Det er ikke vanskelig , derfor , å characterile Freuds stil av revisjon
av
studere Drømmetydning , psykopatologien av hverdagen , og Tre
Essays på teorien om seksualitet. Disse bøkene , først utgitt 1900-1905 , gikk
gjennom henholdsvis åtte , ti og seks utgaver , alle av dem inneholder filer fra ved

minst så sent som i 1925. Således strekker de i det minste to store perioder i utviklingen av
Freuds tanke, inkludert en langt - gripende endringen i modellene . Likevel en uttalelse dekker
store flertallet av revisjonene : han til ting . Det var aldri noen fundamental
revurdering og edelt liten syntese . Kanskje hvis Freud ikke hadde hatt en så suveren
beherskelse av skriftlig kommunikasjon slik at han sjelden hadde selv å polere sitt første utkast, han
ville ha omarbeidet hans bøker mer grundig som de gikk gjennom nye utgaver . på
mest , la han en og annen fotnote som peker ut uforlikelighet av en uttalelse med
senere doktriner . Selv kapittel 7 av Drømmetydning , Freuds mest ambisiøse og

viktig teoretisk arbeid , var igjen nesten uberørt bortsett interpolations , etter at
tinkerings av 1915 og 1917 som løste muligheten for topografiske regresjon , selv etter
dumping av hele topografisk modell i 1923 og utskifting av den strukturelle modellen ,
noe som gjør ingen bestemmelse for conceptualilation av noen komplett kognitiv
prosess . Faktisk, til enden. Kapittel 7 inneholdt anakronistisk carry - overs fra
nevrologisk modell av upublisert kProject , jeg som hadde forut for det ved fire år .
Gjennom alle revisjoner , Freud aldri eliminert blundere inn referanser til kneurones , jeg
kpathways , jeg og kguantity.i
Freud bygget teori , da, mye som Franklin D. Roosevelt konstruert Executive
grenen av regjeringen: når noe ikke fungerer veldig godt , han sjelden
reorganiled ; han nettopp levert en annen agencyeor concepteto gjøre jobben . For å tåle dette
mye inkonsekvens sikkert tok en uvanlig evne til å utsette tidspunktet når
tilfredstillelse av en ryddig , internt konsistent , logisk sammenhengende teori kan være
oppnådd . Sammenligne hans selv - characterilation i følgende brev til Andreas - Salome i
1917 ; han hadde vært kontrast seg med kthe system - buildersi Jung og Adler .
. . . du har observert hvordan jeg jobber, skritt for skritt , uten den indre behov for
ferdigstillelse , stadig under press av problemene umiddelbart på hånden og tar
uendelige smerter ikke å bli viderekoblet fra banen . (1960 , s. . 319)

Syv år tidligere hadde han skrevet til Jung :
Jeg legger merke til at du har den samme måten å jobbe på som jeg har: å være på
utkikk i den retningen du føler deg tiltrukket og ikke ta det åpen grei sti . Jeg tror det er
den beste måten også , siden man er forbauset senere for å finne hvor direkte disse
omveier førte til riktig mål . (tuoted i Jones , 1955 , s. . 449)

For å følge nesen empirisk , og legger til teorien uansett biter og stykker kanskje påløper langs wayethis var prosedyren som Freud følte seg hjemme , med sin tro som til slutt sannheten ville seire.

UTFORMING av vitenskapelige metoder og begreper
Denne holdningen var av et stykke med Freuds grunnleggende oppfatning av vitenskapelig arbeid . vitenskap
var først og fremst et spørsmål om empirisk observasjon , som han vanligvis kontrasteres med
spekulasjon til sistnevntes vanry . Som Freud unnfanget det , en spekulativ , eller filosofisk ,
Systemet startet med kclear og skarpt definert grunnleggende begreper , i (1915a , s. . 117) og bygget på
dette ksmooth , logisk uangripelig foundationi (. 1914 , s. 77) en kcomplete og klar - laget
teoretisk struktur , i (1923 , s. . 36) som kunne keasily våren inn i tilværelsen komplett , og
deretter være unchangeablei (1906 , s. . 271) . Men kno vitenskap , ikke engang den mest nøyaktige , jeg
opererer på denne måten :
Den sanne begynnelsen av vitenskapelig aktivitet består heller i å beskrive fenomener og
så i går videre til gruppe , klassifisere og relatere dem . Selv på scenen for beskrivelse er det ikke mulig å unngå å bruke visse abstrakte ideer til materialet i hånd , ideer som stammer fra et eller annet sted , men absolutt ikke fra den nye observasjoner alene . . De må først nødvendigvis ha en viss indefiniteness ; . kommer vi til en forståelse om deres betydning ved å gjøre gjentatte referanser til materialet av observasjon som de ser ut til å ha blitt utledet , men ved hvilke i virkeligheten de er blitt pålagt . . . . Det er først etter mer grundig undersøkelse av feltet av observasjon at vi er i stand til å formulere sine grunnleggende vitenskapelige konsepter med økt presisjon , og gradvis så å modifisere dem at de blir brukbare og konsistente over et stort område . Så , ja , tiden kan ha kommet til å begrense dem i definisjoner . I forkant av kunnskap, men ikke tolerere noen stivhet selv i definisjoner . (1915a , s. . 117)

Når takle et nytt emne , derfor :

I stedet for å starte fra en definisjon , virker det mer nyttig å begynne med noen indikasjon

av omfanget av de fenomener som gjennomgås , og til å velge blant dem noen spesielt slående og karakteristiske fakta som vår enguiry kan festes . (1921 , p . 72)

Deretter må noen psykoanalytiske inguiry
. finne veien skritt for skritt på veien mot å forstå vanskelighetene med sinnet ved å gjøre et analytisk disseksjon av både normale og unormale fenomener . (1923 . S. . 36)
Men på grunn av kompleksiteten i sitt innhold , kan psykoanalyse ikke håpe på guick suksesser :
Den ekstraordinære intricacy av alle faktorer som må tas i betraktning går bare én måte å presentere dem åpne for oss . Vi må velge første og deretter et annet punkt syn , og følge den opp gjennom materialet så lenge anvendelsen av det ser ut til å gi resultater . Hver separat behandling av faget vil være ufullstendig i seg selv, og det kan ikke unngå å være uklarheter der det berører materiale som ennå ikke har vært behandles ; men vi kan håpe at en endelig syntese vil føre til en riktig forståelse . (1915b , s. . 157f .)

Sannheten , når oppnådd , vil være enklere :
... Vi har ingen andre mål , men at å oversette til teorien resultatene av observasjon , og vi benekter at det er noen plikt på oss til å oppnå på vår første forsøk en godt - avrundet teori som vil rose seg selv ved sin enkelhet . Vi skal forsvare komplikasjoner av vår teori så lenge vi finner at de oppfyller resultatene av observasjon , og vi skal ikke forlate våre forventninger om å bli ledet i slutten av de aller komplikasjoner til oppdagelsen av en tilstand som , mens enkel i seg selv , kan gjøre rede for alle de komplikasjoner av virkeligheten . (1915c , s. . 190)
Freud således demonstrert en evne til å tåle, i tillegg til inkonsistens og forsinkelse , betydelig begreps indefiniteness eller , i terminologien i dag , tvetydighet . Kit er sant , han var jeg klar til å innrømme , kthat begreper som det av en ego - libido , en energi av

ego - instinkter , og så videre , er verken spesielt lett å forstå , og heller ikke så rik på content.i Likevel ville psyko kgladly selve innholdet med tåkete , neppe tenkelige grunnleggende begreper , som den håper å pågripe mer tydelig i løpet av sin utvikling , eller som det er enda forberedt på å erstatte ved othersi (1914 , s. . 77).
Legg merke til
forpliktelse angitt her, som følger klart nok fra sin stilling når det gjelder definisjon , for en periodisk konseptuell telling ; hvis konsekvente og nyttige definisjoner aldri utløse ut , bør ideen forlatt. Som vi har sett , er imidlertid en slik prosess med vanlig Anmeldelsen var guite uforenlig med Freuds stil arbeide og tenkning , og han sjelden torkastet begreper når han lagt nye. Det er litt trist , men ikke overraskende , for å finne at instinkter , som i 1915 (1915a , s. . 117f .) var kat øyeblikket . . . fortsatt noc obskure , jeg ble characteriled 1f år senere som kmythical enheter , fantastisk i sin indefinitenessi (1933 , s. . 95).
For noen år siden bestemte jeg meg for å prøve meg i hånden på dette renske prosessen , tar en av
Freuds sentrale men tantalilingly syk - definerte begreper (binding av cathexis , se Holt , 1962) og følge den gjennom sine skrifter for å se hva slags definisjon dukket opp . den

arbeidskraft for å finne og sammenstille de sammenhenger som skjedde det , og
educing de 14 forskjellige
betydninger at jeg var i stand til discernel har funnet atter andre siden thenuewas stor
nok til å gjøre meg realile at hvis Freud hadde forpliktet seg til å arbeide sine egne
teorier i løpet
kontinuerlig på denne måten , etter noen år ville han ikke har hatt tid til å analyle noe
mer
pasienter , langt mindre skrive noe nytt . Det er sant , jeg var i stand til å sile ut en
kjerne mening til
min egen tilfredsstillelse , men det gjenstår å se om mange psykoanalytikere vil være
overbevist om at de bør forlate andre Dolen eller så typer bruk . Med Freuds
gratis - og - enkelt eksempel for presedens , noen synes det er lett å rettferdiggjøre å
sette av den onde dag

når vilkårene vil begynne å ha klare , restriktive betydninger .
Så langt har jeg emphasiled den bevisst foreløpig , tentative natur Freuds theoriling ,
hans bevisste abjuring av ethvert forsøk på å bygge en komplett og internt enhetlig
system , i favør av stykkevis empiri insteadeguite en kontrast til synet på Freud som den
dogmatiske systematist som ville bekk ingen avvik fra et rigid kparty linje " av theoryu
Men dette populære oppfatningen har sine røtter i virkeligheten også . For én ting ,
synes Freud å ha hatt en varierende , aldri eksplisitt sett av standarder om hvilke deler
av psykoanalyse hadde blitt bevist , som bare han kan endre seg ustraffet , og hvilke
deler var modifiserbar av andre. Tro mot sin agglutinative prinsippet om revisjon , han
imot filer så lenge de ikke eksplisitt krever ny vurdering av begreper og påstander som
hadde kommet for å virke grunnleggende og nødvendig . Dermed Adler ideer om organ
underlegenhet og vilje til makt var akseptabelt inntil disippelen begynte å insistere på at
de kolliderte med libido teori og krevde sistnevntes drastisk revisjon .

STIL teoretisering
Tuite bortsett fra Freuds forhold til de andres bidrag (en sak som er
selvsagt mye mer komplisert enn den ovenfor kort diskusjon kan synes å
antyde) , er det baser for unnfangelsen av Freud som en doktrinær dogmatist i visse
stilistiske særegenheter i sitt eget theoriling . La meg summarile først og deretter utvide,
med
eksempler . Freud var glad i å si ting kas det var , dogmaticallyein den mest konsise
form og i den mest uneguivocal termsi (1940 , s. 144). ; ja , overdrivelse var en av
hans
favoritt retoriske virkemidler . Da han trodde at han skimtet en naturlov , uttalte han det
med feiende universalisme og generalitet . Han var også glad i å utvide begreper til

grensen for deres mulig anvendbarhet , som om stretching riket av fenomener utspent av
et konsept var en måte å gjøre det mer abstrakt og nyttig. Sin enhet for å unnslippe farene ved overforenkling som dette mønsteret utsatte ham var å følge en flat uttalelse med en annen som gualified det ved delvis selvmotsigelse . Derfor inkonsekvens i mange av Freuds påstander er bare tilsynelatende . Han var helt bra klar over at en uttalelse løsnet en annen , og brukte slike seguences som en måte å la en
rikt komplisert unnfangelse vokse i leserens sinn som betraktninger var innføres en av gangen .
Her da , er en grunn til at Freud er samtidig så herlig enkelt å lese , og så lett å misforstå , særlig når uttalelser er tatt ut av sammenheng . Hans syn på menneskelig atferd var uvanlig subtile , komplekse , og mange - lagvis ; hvis han hadde prøvd å sette den
frem i setninger av parallell kompleksitet og hierarkisk struktur , ville han ha gjort Dr. Johnson ser ut som Hemingway . I stedet skriver han ganske enkelt , direkte , med makt ; han
dramatiles etter grand statement, sette ut i hardt svart skisserer hva han anser den grunnleggende sannheten om et spørsmål som leseren innledende orientering . Deretter fyller han i skyggene ;
eller ved en annen frimodig enkel hjerneslag , viser plutselig at skjemaene er disponert på annen
flyene . Gradvis , en tre - tar tredimensjonal virkelighet form før øynene til den som vet hvordan du skal lese Freud .

Her er et eksempel på en første flate setning , etterfulgt av gualifications :
Måten drømmer behandle den kategorien av motsetnings og contradictories er svært bemerkelsesverdig . Det er rett og slett ignorert . "Nei" synes ikke å eksistere så langt som drømmer er bekymret. (1900 , s. . 31f)

Jeg har hevdet ovenfor at drømmer har ingen måte å uttrykke forholdet mellom en

selvmotsigelse , en strid eller 'nei . ' Jeg skal nå fortsette å gi en første fornektelse av denne påstanden . vLotus ideen om hjust omvendt "er plastisk representert som noe snudde seg fra sin vanlige orientering .) (s. 326)
... Den hhnot å kunne gjøre somethingn i denne drømmen var en måte å uttrykke en contradictionea hno'e ; slik at min tidligere utsagn om at drømmer ikke kan uttrykke en nIkke krever nærværet korreksjon , (s. 337)

(En tredje ndenialn vises på s. . 434 .)

Kanskje en enda mer kjent feiendc goneralilation er følgende :

Psycho --- analyse er med rette mistenkelig . En av reglene er at uansett hva avbryter fremdriften av analytisk arbeid er en motstand . (1900 , s. . 517)
Sjeldnere guoted er Freuds fotnote , der gjør han dette statementeso meget irriterende for mange en analylanduemore spiselig ; den er
. enkelt åpne til misforståelser . Det er selvsagt bare å bli tatt som en teknisk regel som en advarsel til analytikere . Det kan ikke bestrides at i løpet av en analyse forskjellige
hendelser kan opptre ansvaret for som ikke kan legges på pasientens intensjoner . Hans far kan dø uten at han hadde myrdet ham ; eller en krig kan bryte ut som bringer analysen til en slutt . Men bak sin åpenoverdrivelse
forslag er å hevde noe både sant og nytt. Selv om den avbrytende arrangement er en virkelig en, og uavhengig av pasienten, avhenger ofte det på ham hvor stor avbrudd det fører til ; og motstand viser seg umiskjennelig i beredskap med som han aksepterer et forekomsten av denne type eller den overdrevne bruk som han gjør for
den. (uthevelse tilføyd)
Alt for ofte (og dessverre vanskelig å illustrere ved guotation) , nedtoningen setningen som følger den innledende overgeneralilation er ikke eksplisitt påpekt , kan ikke
følge veldig snart , eller er ikke åpenbart relatert . For Freud , men dette var en bevisst strategi for vitenskapelig forhånd; transformasjoner av vitenskapelig mening er utviklingen ,

ikke revolusjoner . En lov som ble holdt i begynnelsen å være universelt gyldig viser seg å være et spesialtilfelle av et mer omfattende ensarthet , eller er begrenset av en annen lov , ikke oppdaget før senere ; en grov tilnærming til heten er erstattet av en mer nøye tilpasset en, som i sin tur venter på ytterligere perfeksjonering (jfr. 1927 , s. 55). Mange eksempler på utsagn formulert med arrestere overdrivelse kan lett bli sitert .
På bakgrunn av vår analyse av ego det ikke kan være tvil om at i tilfeller av mani ego og ego ideelle har smeltet sammen . (1921 , s. . 132)

. . . hysteri . . . er bare opptatt med pasientens undertrykt seksualitet . (1906 , s. . 27F)
. ingen kan tvile på at hypnotisør har gått inn i stedet for ego ideal . (1921 , s. . 114)
Det er sikkert at mye av den jeg er i seg selv bevisstløs , og særlig hva vi kan beskrive som sin kjerne ; Bare en liten del av den er omfattet av begrepet kpreconscious.i (1920 , s. 19.)

Strachey tilføyer følgende ganske morsomt fotnote til ovennevnte passasje :
. I sin nåværende form denne setningen er fra 1921 I den første utgaven (1920) kjørte den : Kit kan være at mye av ego er i seg selv bevisstløs ; bare en del av det , sannsynligvis , er dekket av begrepet hpreconscious ' . jeg

I dette tilfelle tok det bare et år for en forsiktig sannsynlighet for å bli en visshet.

I andre tilfeller foregår hyperbole form av påstanden på en underliggende enhet , hvor
bare en korrelasjon observert :
Alle disse tre typer regresjon ptopographical , temporal , og formalq er imidlertid
en ved bunnen og opptrer sammen som regel ; for hva som er eldre i tid er mer primitive
i form og i psykisk topografi ligger nærmere den perseptuelle enden. (1900 , s. . 54F)

Alt for ofte , tar det feiende formulering form av en erklæring om at noe sånt
Ødipuskompleks er universell . Jeg tror at Freud var mindre interessert i å gjøre en
empirisk generalilation fra hans begrensede data enn i famler på denne måten for en
grunnleggende naturlov . Som Jones summariles brev av 15. oktober 1f97 , til Fliess ,
Han hadde oppdaget i seg selv lidenskapen for sin mor og sjalusi av sin far ; han følte
seg sikker på at dette var en generell menneskelig egenskap , og at fra det man kunne
forstå den kraftige effekten av Ødipus- legenden . (Jones , 1953 , s. . 326)

Igjen , fire år senere , generaliled han universelt fra sin egen sak :
Det går dermed gjennom mine tanker en kontinuerlig strøm av " personlig referanse , "
av
som jeg generelt har ingen anelse , men som røper seg ved slike tilfeller av min
glemme navn. Det er som om jeg var nødt til å sammenligne alt jeg hører om andre
folk med meg selv ; som om mine personlige komplekser ble satt på vakt når
en annen person er brakt til min varsel. Dette kan umulig være en individuell
eiendommelighet av mine egne : det må heller inneholde en indikasjon på hvordan vi
forstå ksomething annet enn oss selv " generelt . Jeg har grunner til å anta
at andre mennesker er i så måte veldig lik meg . (1901 , s. . 24)
Til den moderne psykolog , opplært til å være forsiktige i generaliling fra små
prøvene , virker det dristig å poenget med dumdristighet å hoppe fra selv - observasjon
til en
generell lov. Men Freud ble modigere av det faktum at han var arbeider med vital
problemer:
Jeg føler en fundamental motvilje mot forslaget at mine konklusjoner pabout den
seksuell etiologi av neurosisq er riktige , men bare for visse tilfeller . . . Det er ikke veldig
godt mulig. Helt eller ikke i det hele tatt . De er opptatt av slike grunnleggende saker
at de ikke kunne være gyldig i ett sett av tilfellene bare . . . . Det er bare vår type eller
annet
ingenting i det hele tatt er kjent . En glad du må være av samme oppfatning . Så nå har
jcg
tilstått alle mine fanaticismu (Brev til Jung , 19 april 1909 ; . i Jones , 1955 , s. 439)

Husk også , at Freuds første vitenskapelige arbeidet betraktelig antedated oppfinnelsen
av statistikk , teori prøvetaking , eller eksperimentell design. I sine tidlige dager , da han
var mest sikker i sin rolle som vitenskapsmann , ble Freud studerte nevroanatomi på

mikroskopet , og i likhet med sine respekterte lærere og kolleger , generaliling fritt og automatisk fra prøver av oneu

Da også, husker at Freud var den promulgator av prinsippet om exceptionless determinisme i psykologi : alle aspekter av atferd var lovlig , mente han , noe som gjorde det

lett for ham å forvirre (a) universell anvendelse av abstrakte lover og begreper med (b) den universelle forekomst av empirisk observerbare atferds sequences .

Endelig er vi så vant til å vurderer Freud en kpersonality teoretiker " at vi glemmer hvor lite interessert han var i individuelle forskjeller som mot generelle prinsipper . Han skrev en gang til Abraham :

kPersonality " . . . er en ganske ubestemt uttrykk tatt fra overflaten psykologi , og det bidrar ikke mye til vår forståelse av de virkelige prosesser , dvs. metapsychologically . (tuoted i Jones , 1955 , s. . 43f)

Til tross for at han skrev flotte kasuistikker , brukte han dem til å illustrere sine abstrakte formuleringer , og hadde ingen overbevisning om den vitenskapelig verdi eller interesse av singelen saken unntatt som en mulig kilde til nye ideer .

Tilbøyelighet til å generalile sweepingly kan sees også i Freuds tendens til strekke grensene av sine konsepter . De beste - kjent, for ikke å si de fleste notoriske eksempel er

at av seksualitet . I hans tidligste papirer , den ksexual etiologi av nevroser " ment bokstavelig

forførelse , alltid involverer stimulering av kjønnsorganene . Snarere guickly , i de tre

Essays , ble konseptet utvidet , først til å omfatte alle de kpartial stasjoner , jeg basert på

oral , anal , og fallisk - urinrør erogene Lones , pluss øyet (for voyeurisme og ekshibisjonisme) . Men da han fant tilfeller der andre deler av kroppen syntes å tjene funksjon av kjønnsorganer , utvidet Freud begrepet erogen lone å inkludere forslaget om at alle deler av huden , pluss alle de følsomme indre organer , kan gi opphav til seksuell eksitasjon . Videre Kall relativt intense affektive prosesser, herunder selv skremmende seg, grøft på sexualityi (1905b , s. 203) . ; og til slutt :

Det kan godt være at det ikke av vesentlig betydning kan oppstå i organismen uten å bidra med noen komponent til magnetisering av seksuell instinkt, (s. 205)

En lignende prosess synes å ha gått på i Freuds utviskes skillene blant ulike ego instinkter , og at mellom ego instinkter og narsissistisk libido , som var løst ved hans endelig å sette alt sammen i forestillingen om Eros , livet instinkt .

Arbeidsmåte

Har så langt kartlagt noen av de generelle trekk ved Freuds tenkning og hans stil vitenskapelig theoriling , la oss nå spørre hvordan han jobbet med sine data . Så langt har vi sett bare

at han stresset observasjon som det viktigste verktøyet for vitenskapelig empiri . hans mest

viktig pasientinformasjon , la oss huske , var seg selv . I sin selv - analyse (spesielt under
sent 1f90 -tallet) , gjorde han sine grunnleggende oppdagelser : betydningen av
drømmer , den Oedipus
kompleks , barndom seksualitet, og så videre. Dette faktum bør minne oss om hans
gave til selv -
observasjon. Det var selvfølgelig en alder av trenet introspection som en vitenskapelig
metode i
akademiske psykologer ; men det var noe annet igjen . Freuds selv --- observasjon var
av
den slags vi kaller psykologisk - tenkende ; Han var ingen fenomenolog , nysgjerrig på
det

rå Givens erfaring eller interessert i analyling data av bevissthet i deres kpresentational
umiddelbarhet " (Whitehead) . Selv når man ser innover , forsøkte han å trenge
gjennom overflaten av hva han fant der , for å se etter årsaker i form av ønsker, rammer ,
håp, fantasier , og rester av barndommen følelsesmessige opplevelser . Tenk hvor lite
man noensinne hørt om slike saker fra Wundt eller Titchener , og det blir tydelig at
Freuds kognitiv stil spilte en rolle i hans unique bruk av et felles instrument .
, Mente observasjon når den brukes til hans andre pasienter , først og fremst bruken av
fri
foreningen . Pasienten ble oppfordret til å rapportere alt om seg selv uten
sensur , slik at analytikeren kan observere direkte kampen for å etterkomme dette
tilsynelatende enkle reguest , og observere indirekte det bredeste utvalget av viktige
livet
erfaringer som rapportert . Men disse terapeutisk viktige fakta , og enda mer
viktige manifestasjoner av overføring som utviklet seg i selve mellommenneskelige
situasjonen for behandling , ble vanligvis begravd i en høystakk av trivielle detaljer .
Freud
følgelig måtte utvikle seg til en meget selektiv instrument som på samme
tid var så mye som mulig fri for bias. Løsningen han adoptert , som av en kevenly -
suspendert oppmerksomhet " (1912a , s. . 111) , matchet i sin tilsynelatende
unselectiveness holdning
oppfordret på fritt assosiere pasienten ; i begge, teorien bekreftet at prosessen
suspenkonvensjonellestandarder for bevisst dom ville la ubevisste krefter
lede produksjonen og mottak av data. Bare en mann med en grunnleggende tillit til
dypet av sitt eget vesen ville ha vært villig til å la sin bevisste intelligens delvis
abdisere på denne måten .

Hovedaktiviteten til analytikeren , Freud antydet, var tilby tolkninger av pasientens produksjoner . På en måte utgjør disse et første nivå av conceptualilation (det vil si en første behandling av data) samt et inngrep som ble beregnet for å gi ytterligere og endres materiale fra pasienten. I den senere behandling av de akkumulerte data på en sak , og faktisk for andre typer data , spiller tolkning en avgjørende rolle ; i noen henseender , er det det som gir psyko sin unike karakter som en modus for inguiry i menneskelig atferd . Enten Freud tilbudt tolkningen til pasienten eller bare brukt det i sin formulering av de grunnleggende funksjonene i saken , det tok ofte genetisk form av en historisk rekonstruksjon av sequences av kritiske hendelser i pasientens fortid . Her ser vi et karakteristisk trekk ved Freuds tenkning : bruk av historiske (snarere enn ahistorisk) kausalitet . Siden Kurt Lewin , har mote i psykologi vært sterkt i favør av ahistorisk kausalitet , selv om den historiske formen har nylig blitt kraftig argumentert i en svært sofistikert måte (Culbertson , 1963) .

Som Freud anvendes tolkning i snevrere forstand , det var i det vesentlige en prosess oversettelse, hvor betydningene i pasientens oppførsel og ord ble erstattet med en mindre sett med andre betydninger i henhold til mer eller mindre spesifiseres regler (Holt , 1961) . men

disse reglene var løs og særegne , for de innlemmet antakelsen om at pasientens kommunikasjon hadde blitt utsatt for et sett av (stort sett defensive) skjevheter i henhold til

det irrasjonelle primære prosessen . Analytikerens jobb , derfor var å reversere de skjevheter

i dekoding pasientens produksjoner for å skjelne den arten av hans bevisstløs konflikter og hans måter sliter med dem . Det er således en fremgangsmåte for oppdagelse. Med

mindre unntak av en rekke gjentatte symboler, kan reglene for slik dekoding bli ble oppgitt i generelle vendinger , og en god del er overlatt til analytikerens kreativ bruk av sin egen

primære prosessen .

Tolkning er derfor åpenbart vanskelig å bruke og lett å misbruke , som Freud visste godt . En av hans favoritt kritikk av dissident tidligere tilhengere var at deres tolkninger var vilkårlig eller farfetched .

Hva så, var hans kriterier for å skille dype og innsikts fra bare anstrengt og fjern interpretationss De mest detaljerte diskusjoner som jeg har funnet av dette guestion daterer seg tilbake til midten 1f90 -tallet, da Freud forsvarte sin teori om at

nevrose ble forårsaket av den fortrengte traumer av faktiske seksuell forførelse i spedbarnsalder . han ga

en rekke kriterier , som typen og mengden av betydning og motstand er vist , etter som han

fornøyd selv at tolkningene (eller historiske konstruksjoner) at han tilbød sin pasienter langs disse linjene var gyldig , og for å tro rapportene av noen av dem som utgangspunktet stimulert ham til essay denne tilnærmingen . Men, som vi vet , ingen av de antatt

sikringstiltak var tilstrekkelig ; Freud endelig bestemte seg for å avvise krecollectionsi som fantasier . å
denne dagen , og gir kriterier for å vurdere tolkninger er fortsatt en av de store uløste metodiske problemer i alle skolene i psykoanalyse .

METODE bevise POENG (bekreftelse)
Når han hadde gjort sine tolkninger og genetiske forklaringer på hans ulike typer av data til sin egen tilfredsstillelse , hadde Freud dannet hans viktigste hypoteser . Nå satt han i ferd med å bevise dem . La oss undersøke hvordan han forsøkte å etablere sine poeng ved marshaling hans bevis og hans argumenter .
Overraskende, brukte han ofte hva er egentlig statistisk resonnement for å gjøre hans poeng . Riktignok tar det vanligvis den enkle formen for å sikre leseren at han har sett fenomenet i question gjentatte ganger :

Hvis det var en question av ett tilfelle bare sånn for min pasient , ville man trekker den til side . Ingen ville drømme om å reisa på en enkelt observasjon en tro som innebærer å ta et slikt avgjørende linje. Men du må tro meg når jeg forsikre dere om at dette ikke er det eneste tilfellet i min erfaring . (1933 , s. . 42)
Mange psykologer synes å ha inntrykk av at Freud freguently basert stor proposisjoner om enkeltsaker; men jeg har nøye søkte alle hans store sak historier for tilfeller , og har funnet none.5 Han skrev så tidlig som i tilfelle av Dora , kA enkelt tilfelle kan
aldri være i stand til å bevise et teorem så generelt som denne onei (1905c , s. . 115) . i sin
tidligste psykoanalytiske papirer , Freud igjen og igjen guoted slik statistikk som følgende :
. min påstand . . . støttes av det faktum at i noen atten tilfeller av hysteri har jeg vært i stand til å oppdage denne forbindelse i hver eneste symptom , og , hvor forholdene tillot det , bekrefter du det ved terapeutisk suksess . Ingen tvil om du kan heve innvending at det nittende eller tjuende analyse vil kanskje vise at hysteriske symptomer er hentet fra andre kilder også , og dermed redusere den universelle gyldigheten av seksuell etiologi til en av åtti prosent . For all del la oss vente og se ; men , siden disse atten saker er samtidig alle tilfeller der jeg har vært i stand til å utføre arbeidet for analyse og siden de ikke ble plukket ut av hvem som helst for min bekvemmelighet , vil du finne det forståelig at jeg ikke dolor en slik forventning, men er forberedt på å la min tro løpe foran beviskraftenav observasjonene jeg har så langt gjort . (1f96 , s. . 199f .)
Kjedelig (1954) har påpekt at i en slik bruk av statistisk resonnement som dette , Freud ikke videre utover Mill metode for avtalen, som er hans mest elementære og minst troverdig kanon av induksjon . I papiret jeg har nettopp guoted , anses Freud den Muligheten for å bruke essensen av Mill anbefalte felles metode for avtalen og

5 Se ovenfor , men for eksempler på hans generaliling fritt fra selv - observasjon .
Angivelig , den iboende overbevisende natur introspektive data overvurdere hans
generelle forsiktighet .

uenighet . Det vil bli protestert , sier han , at mange barn blir forført , men ikke bli
hysterisk , som han innrømmer å være sant uten å undergrave hans argument ; for han
sammen forførelse til ubiguitous tuberkelbasillen , som er kinhaled langt flere
mennesker enn det som er funnet å falle syk av tuberculosisi (s. 209) , men det bacillus
er den spesifikke determinant av diseaseeits nødvendig , men ikke tilstrekkelig årsak .
Han vurdert muligheten for at det kan være hysteriske pasienter som ikke har
gjennomgått forførelse men guickly avvist det ; slike antatte tilfeller ikke hadde blitt
psychoanalyled , så påstanden hadde ikke blitt bevist . Til slutt , derfor Freud bare
hevdet sin vei ut av nødvendigheten av å vurdere noe , men hans egne positive saker ,
og var dermed ute av stand til å bruke statistisk resonnement på noen overbevisende
eller truende måte .
I punkt faktisk , referanser i sine papirer til antall tilfeller behandlet droppet ut nesten
utelukkende etter 1900 ; i stedet , finner en trygg guasi - guantitative påstander av
denne typen : kThis oppdagelse , som var lett å lage og kan bli bekreftet så ofte som en
likte . . . jeg (1906 , s. 272). , eller slike alvorlige formaninger som dette :
Læren om psykoanalyse er basert på en uberegnelig antall observasjoner
og erfaringer , og bare noen som har gjentatt disse observasjonene på seg selv
og på andre er i en posisjon til å komme fram til en dom av sin egen på det . (1940 , s. .
144)
I det lange guotation fra 1f96 like over , oppmerksom oppføring av en annen
karakteristisk modus av argument som ofte brukes av Freud : teorien er bevist av sin
terapeutiske suksesser . Noen ganger er det slått fast med det vi har sett til å være
karakteristisk overdrivelse :
Det faktum at i technigue av psyko - analyse et middel har blitt funnet av hvor Opposing
Force POF anticathexis i repressionq kan fjernes og ideene i guestion gjort bevisst
gjengir denne teorien ugjendrivelige . (1923 , s. . 14)

Jeg kunne guote mange avsnitt der det samme generelle type argument er gjort :
Freud siterer som kproofi eller som kconfirmationi et sett av omstendigheter som ikke
tjener til
øke sannsynligheten for at uttalelsen er sant , men ikke spiker det ned i en
streng måte . Den ultimate krav til dokumentasjon , for Freud , var den enkle ostensivt
ett :
Vi blir fortalt at byen Constance ligger på Bodensee . En student sang legger til: kif du
ikke tror det , gå og se " jeg tilfeldigvis har vært der , og kan bekrefte det faktum r (1927 ,
s. 25). .
I mange steder , Freud benyttet dette grunnleggende prinsippet om virkeligheten testing
for å psychoanalysise hvis du ikke tror , gå og se selv ; og før du har blitt analyled og

helst også har blitt trent til å utføre psychoanalyses andres selv, har du ingen grunn til å være skeptisk .
Freud ikke se at promulgator av en påstand tar på seg byrden med å bevise det . Det er tvilsomt at han noen gang hørt om nullhypotesen ; sikkert han hadde ingen oppfatning av den sofistikerte metodikk som denne merkelige uttrykket assosiasjoner . I flere steder , han , som det var, guite uskyldig avslører sin ubevissthet som for empiriske påstander for å bli tatt på alvor , bør de være i prinsippet gjendrives . For eksempel , må etter å hevde at ka ønske som er representert i en drøm være en infantil en, jeg (. 1900 , s. 553 , uthevelse er Freuds) , bemerker han :
Jeg er klar over at denne påstanden ikke kan bevises å holde universelt ; men det kan bevises å holde frequently , selv i tilfeller uventede , og det kan ikke motsa som et generelt forslag. (1900 , s . . 554)
Minst , i denne passasjen viste han realilation som en universell forslag ikke kan bevises ; ennå senere var han å referere til et annet slikt

regelen i The Interpretation of Dreams. . . pasq siden bekreftet hinsides all tvil , at ord og taler i drømmen - innhold er ikke ferskt dannet . . . (1917 , p . 22f)
Sant nok, hver frisk forekomst av en hevdet universell proposisjoner ikke styrke sin troverdighet og sannsynligheten for at det er troverdig . Hvis vi huske på at ingenting mer er ment i psykoanalytisk skriftlig krav til dokumentasjon , skal vi være på relativt trygg grunn .
Freud ville vanligvis ikke skrive som om han var kjent med skillet mellom danne hypoteser og teste dem . Likevel var han klar over det , og til tider var beskjeden nok om utforskende arten av hans arbeid :
Dermed dette synet har fremkommet ved slutning ; og hvis fra en slutning av denne typen
en er ført , ikke til et kjent område , men tvert imot , til en som er fremmed og nytt til ens tanke, kaller man den slutning en khypothesisi og med rette nekter å betrakte forhold til den hypotese til materialet som det ble avledet som en kproofi av den. den kan bare betraktes som kprovedi hvis det er nådd ved en annen bane så vel pN.B. : kryss -
validationuq og hvis det kan påvises å være knutepunktet for fortsatt andre tilkoblinger . (1905a , s. . 177f .)
Jeg har undersøkt Freuds metoder for arraying sine data og resonnement om dem i forsøket på å bevise hans poeng på to måter : ved å gjøre en generell samling når jeg kom over tilfeller der han trakk konklusjoner eksplisitt , og etter en grundig vurdering av alle hans argumenter for konseptet med en synsk bevisstløs i to av sine viktigste papirer , kA Note på det ubevisste i Psychoanalysisi (1912b) og kThe Unconsciousi (1915c) . Det ville være kjedelig og tid - tidkrevende å dokumentere mine analyser av hans moduser av argument ; Jeg skal bare gi min konklusjon .

Det er , guite rett og slett , at Freud sjelden bevist noe i en strong forstand av ordet .

Han sjelden utsatt hypoteser til den type cross - validational sjekke at han forfektet i den siste passasjen quoted . Han er ofte overbevisende , nesten aldri tvangs så . Han var guite klar til å bruke enheter han snakket av nedsettende i hans skarpe critigues av begrunnelsen brukt av hans motstandere : autoritativ dictum , tigge guestion , argumenter ved analogi , og trekker seg tilbake til diskusjonen om kmatters som er så fjernt fra problemene med vår observasjon , og av disse har vi så lite cognilance , at det er så inaktiv til å bestride . . . som å affirmi dem (1914 , s. . 79) .

Egentlig , hva Freud gjør er å gjøre bruk av alle ressurser av retorikk . Han rygger opp en generell uttalelse etter et talende eksempel på noe som er det klart operativ ; Han konstruerer plausible kjeder av årsak og virkning (etter prinsippet om post hoc ergo propter hoc) , argumenterer han med desto større grunn ; og han bruker enthymemes å trekke begrunnede konklusjoner . En enthymeme tilsvarer i retorikk til syllogisme i logic.6 I den ene forutsetningen er ofte , men ikke nødvendigvis undertrykt , og , i motsetning til syllogisme , er det en metode for å etablere sannsynlige snarere enn eksakte eller absolutt sannhet .

Videre søker han til å vinne vår avtale med et avvæpnende direkthet av personlige adresse ,

og ved å tre inn i rollen som motstanderen å heve vanskelige argumenter mot seg selv , etter som hans poeng i imøtegåelse synes alle mer å fortelle. Hans skriving er levende med

metafor og personifisering , med glimt av vidd , poetiske flyvninger inn utvidet analogier eller similes , og mange andre slike enheter for å unngå en konsekvent abstrakt nivå av diskurs .

Når resonnement i en rekke av hans enthymemes i kThe Unconsciousi er

6 For eksempler , se passeringene guoted fra Freud (1901 , på s. . 45 ovenfor , og den neste passasjen guoted , på s. . 46) . ovenfor.

nøye explicated , er det overraskende svakt og involverer flere ikke sequiturs . I sine forsøk på å tilbakevise andre, han freguently gjort bruk av retoriske enhet for å gjøre den andres argument synes usannsynlig ved å appellere til sin implausibility til sunn fornuft og hverdags observasjon.

I første omgang , pRankq han forutsetter at barnet har fått visse sensoriske inntrykk , særlig av en visuell form , på tidspunktet for fødselen , fornyelse av som kan husker til minnet traumer av fødsel og dermed fremkalle en reaksjon på angst . dette antakelsen er guite ubegrunnet og ekstremt usannsynlig . Det er ikke troverdig at et barn

bør beholde noen men taktile og generelle opplevelser knyttet til prosessen med fødselen .

(1926a , s. . 135)

BRUK AV tallene tale
Fordi jeg har en spesiell interesse i tallene tale , jeg betalte spesiell oppmerksomhet til
måten Freud brukte denne retoriske enhet . Redaktørene av Standard Edition har gjort
oppgaven relativt lett ved stikkord , for hvert volum , under overskriften kAnalogies.i
Plukke to bind mer eller mindre tilfeldig (Wii og Wiv) , så jeg opp de 31 analogier så
indeksert og forsøkt å se på hvilken måte Freud ansatt dem .
Som en professor i retorikk (Genung , 1900) har sagt , kThe verdi både for eksempel
og
analogien er tross alt ganske illustrerende enn argumentative ; de er i virkeligheten
instrumenter
av utredning, ansatt for å gjøre faget så klart . . . at menn kan se sannheten eller feil
av det for themselves.I For det meste, i disse to bind Freud brukte analogier som
kinstruments av utredning, jeg følger etter en krangel hadde vært helt uttalt i sin
egne premisser , for å legge livlig , visualilable konkrete ; noen av dem er små vitser ,
og legger til en
berøring av comic relief å lette leserens byrde . Til tider, men , analogien trekk
inn i hovedstrømmen av argumentet og serverer en mer direkte retorisk formål ; dette er

sant , overraskende nok , en god del oftere i vol. Wiv , som inneholder strenge
metapsychological papirer, enn i vol . Wii , i stor grad viet til tilfelle av Schreber og
papirer på technigue . Det viser seg imidlertid at den argumentative bruk av analogi
oppstår
i stor grad i de polemiske passasjer der Freud forsøker å tilbakevise rektor
argumenter som Jung og Adler avkuttede sine bånd til klassisk psykoanalyse ; for det
meste,
det tar form av latterliggjøring , en form for diskreditere en motstander ved å gjøre hans
argument
synes latterlig snarere enn å møte den på sin egen eiendom . Det er ikke vanskelig å
forstå
hvor sint Freud må ha følt på frafall i rask rekkefølge av to av hans mest
begavede og lovende tilhengere , slik at sterk innvirkning hadde sin vanlige virkningen
av nedverdigende
nivå argument .
Freud brukte analogier i to andre slags måter i de metapsychological papirer ,
imidlertid. I noen få tilfeller , synes analogien for å ha spilt rollen som en modell . Det vil
si,
da han skrev at kThe kompleks av melankoli oppfører seg som et åpent sår , og trekker
til
selv. . hanticathexes ' . . . fra alle retninger , og tømming egoet til den er helt
fattig " (1917 , s. . 253) , gjenopplivet han et bilde som han hadde brukt i en upublisert
utkast , skrevet og sendt til Fliess 20 år tidligere (1ff7 - 1902 , s. 107F . .) ; dessuten
var han til

bruke det igjen fem år senere i teorien om traumatisk nevrose (1920 , s. . 30) . Interessant
nok , ikke i noen av disse versjonene gjorde Freud si eksplisitt hva det dreier seg om et sår som
gjør det en nyttig analog . Selvfølgelig, men hadde han i tankene slik at leukocytter
samles rundt margene på en fysisk lesjon , en medisinsk mekanisme i forsvaret som kan
vel være en rektor stamfar av begrepet psykiske forsvarsmekanismer . Sikkert det dannet
et viktig mønster av Freuds tanke, en som direkte påvirket typer
psykologiske begreper han som påberopes og noen av hva han gjorde med dem .

Den andre bruken av et utvidet talemåte ikke ansette en analogi i den strenge
fornuft og så er ikke indeksert . (Faktisk er de aller fleste av Freuds analogier ikke indeksert ;
bare de langvarige de som ligner episke lignelser . Men teksten er så tett med troper av
en eller annen form som en fullstendig indeks ville være upraktisk enorm .) I am
henviser til et eksempel på en karakteristisk Freudian enhet, kscientific myte , jeg så han
kalt den beste - kjente eksempelet , legenden om primal horde . Nær begynnelsen av
kInstincts og deres Vicissitudesi (1915a) , etter vurdering av stasjonskonseptetguite
abstrakt fra standpunktet om fysiologi , og i forhold til begrepet kstimulus , jeg han plutselig sier :
La oss forestille oss selv i den situasjonen av en nesten helt hjelpeløs levende organisme ,
ennu unorientated i verden, noe som mottar stimuli i sin nervøse substans, (p. 119)
Hva en arrestere imageu Og merk at dette er ikke bare en vanlig talemåte ,
der mennesket blir sammenlignet punkt for punkt til et hypotetisk primitiv organisme . I stedet
her får vi en invitasjon til identifikasjon . Freud oppfordrer oss til å anthropomorphile ,
å forestille deg hvordan det ville være hvis vi , som voksen og tenkende mennesker , var i den hjelpeløse og
utsatt posisjon han fortsetter med å skissere så grafisk. Det synes derfor naturlig når han
lett attributter til den lille animalcule ikke bare bevissthet , men selv - awarenessean
tilskriver vi realile , på sober refleksjon , til å være en uniguely menneske og heller sofistikert
prestasjon . Hans innledende setning , men inviterer oss med en gang for å suspendere vantro og
frafalle de vanlige reglene for vitenskapelig tenkning . Det er som et barns Klet' oss late " ; det fører oss til
forventer at dette er ikke så mye en måte å skyve hans argument frem som en midlertidig

illustrerende digresjon ; som hans vanlige analogier , en billedlig ferie fra hard teoretisk

tenker . Vi finner snart ut at han bruker denne suspensjonen av reglene som en måte å
la seg en frihet og flyt av resonnement som ellers ikke ville være akseptabelt . Og
likevel han fortsetter deretter som om poenget hadde blitt bevist i en streng måte .
Unnfangelsen av en helt sårbar organisme svømming i et hav av farlig
energier var en annen tilbakevendende bilde som ser ut til å ha gjort et dypt inntrykk på
Freud . Det spiller en enda mer kritisk rolle i utviklingen av hans argument i Beyond the
Pleasure Principle , selv om det er innført i et noe mer nøkternt mote (Klet' oss bilde en
levende organisme i sin mest forenklede form som mulig en udifferensiert vesikkel av
en
stoff som er utsatt for stimulationi ; 1920 , s. . 26). Likevel er han ikke eksplisitt
presentere
den som en hypotese om innholdet av den første levende organisme ; faktisk aldri blir
det
guite klart akkurat hva slags eksistensiell status denne kvesiclei har . Freud fortsetter
med noen
digresjoner til å anta at organismen skulle bli drept av kmost kraftige energiesi
som omgir den hvis den forble ubeskyttet , og at koke av sin ytre lag dannet
skorpe som beskyttet det som lå under . Plutselig tar Freud et mektig sprang fra dette
opprinnelige , delvis skadet levende celle : KIN høyt utviklet organismer mottakelig
kortikale
sjikt av det tidligere vesikkel har lenge blitt trukket tilbake inn i dybden av det indre av
kroppen , selv om deler av det ha blitt igjen på overflaten rett under
generell skjold mot stimulii (s. 27F .) . Implisitt , har han antatt at hans encellede
Adam har vært fruktbart og har befolket jorden , alltid passerer langs sine opprinnelige
skorper
ved arv av acguired tegn .
Akkurat når du tror at Freud er å presentere en svært fantasifull , Lamarckian teori om
opprinnelsen av huden , slår han metaforen . Men først hypothesiles han at kThe

spesifikk unpleasure av fysisk smerte er sannsynligvis et resultat av den beskyttende
skjold som har
blitt brutt gjennom . . . Cathectic energi er innkalt fra alle kanter for å gi
tilstrekkelig høye cathexes av energi i environs av bruddet . En hanticathexis ' på en
stor skala er satt opp , for hvis fordelen alle andre psykiske systemer er impoverishedi
(s. 30). Sammen om her , den skarpe - vil eyed leseren gjøre en dobbel ta : det hørtes
ut som om
Freud snakket om et fysisk sår i huden , men hva som blir innkalt til sin
Marginene er ikke de hvite blodcellene, men GUANTA av psykiske energyu Så på neste
side ,
vi lære at kpreparedness for angst og hypercathexis av dc mottakelige systemer

utgjør den siste linje av forsvar av skjoldet mot stimuli i (s. 31) . Dette skjoldet , som virket så konkret og fysisk , viser seg å være en metafor innpakket i en myte .
Det er sant at dette hele fjerde kapittelet ble introdusert av følgende avvæpnende oppriktig ledd:
Det som følger er spekulasjoner , ofte langt - hentet spekulasjoner , som leseren vil vurdere eller avvise i henhold til hans individuelle forkjærlighet . Det er ytterligere et forsøk på å
følge ut en idé konsekvent , ut av nysgjerrighet for å se hvor den vil føre . (1920 , s. . 24)
I lys av den senere utvikling av Freuds teorier , der som vi har sett han kom til å lene seg på denne merke vev av spekulasjoner som om det var et tappert støttende stoff , virker det som dette beskjedne ansvarsfraskrivelse er en annen Kleť oss late , " slik at Freud , som Brittania , kan fravike reglene .

Freuds retorikk
Det endelige utfallet av denne undersøkelsen av midlene Freud benyttet i sin søken etter sannheten er at han
støttet seg tungt på alle de klassiske enheter av retorikk . Denne effekten er ikke til å vise , i en hvilken som helst
streng forstand , men å overtale , hjelp til en viss grad enhetene av en essayist , men selv

mer de av en taler eller advokat , som skriver hans korte og deretter argumenterer med all eloguence til sin disposisjon . Legg merke til at jeg har basert denne konklusjonen først og fremst på en undersøkelse av Freuds mest tekniske , teoretiske artikler og bøker . I slike mesterlige verk for den alminnelige leser som hans forskjellige serier av innledende forelesninger (1916-1917 ; 1933) eller spørsmålet om Lay Analysis (1926b) , er den retoriske formen enda mer eksplisitt ; den sistnevnte arbeidet er faktisk støpt i form av en utvidet dialog , harkıng direkte tilbake til de klassiske greske tekster som Freud var så glad .
Det finnes i dag en tendens til å ta krhetorici som et svakt nedsettende sikt. Bortsett fra i hodet av platonikere , det hadde ingen slik konnotasjon i klassisk tid . Som Kennedy (1963) påpeker,
En av de viktigste interessene til grekerne var retorikk . . . . I sin opprinnelse og intensjon retorikk var naturlig og godt : det produsert klarhet , kraft og skjønnhet , og den steg logisk av forholdene og gualities av den klassiske tankene . Greske samfunnet støttet seg på muntlig uttrykk . . . . Politisk agitasjon ble vanligvis oppnås eller beseiret av jungeltelegrafen . Rettssystemet var tilsvarende muntlig . . . All litteratur ble skrevet for å bli hørt , og selv når du leser til seg selv en gresk lese høyt (s. 3f .)
Retorikk , som teorien om overbevisende kommunikasjon , var nødvendigvis en god del mer enn det; det var den eneste form for kritikk i gresk tenkning . I en av Aristoteles ' definisjoner , er retorikk ka prosessen med kritikk der ligger veien til prinsippene i all inguiriesi (temaer jeg ; guoted i McBurney , 1936 , s. 54) . .
Siden vitenskapen var ikke så kraftig differensiert fra andre metoder for å søke sannhet

deretter som det senere ble, retorikk var den nærmeste til vitenskapelig metodikk som den

Grekerne hadde . I Artistotle presentasjon , var det to typer sannhet : eksakte eller visse , og

sannsynlig . Førstnevnte var opptatt av vitenskap , som drives ved hjelp av syllogistic

logikk eller fullstendig opplisting . Alle andre typer bare probabilistisk kunnskap var rikene av argumentative inguiry , som drives ved hjelp av dialektikk og retorikk . Men det eneste faget som Aristoteles ' kriterium for kungualified vitenskapelig knowledgei gjelder er matematikk (i dag tolkes til å omfatte symbolsk logikk) ; Bare i et slikt rent formell science kan streng deductive fremgangsmåte anvendes og visshet nås.

Jeg går inn i dette mye detalj om gresk retorikk fordi det tyder for meg en muligens belyse hypotese . Om alt jeg kan gjøre for å gjøre det plausibelt er å påpeke at Freud gjorde

kjenner gresk godt og lese klassikerne i den opprinnelige ; og blant de fem kurs eller seminarer han tok med Brentano var en på Logic og minst en på kThe filosofi Aristotlei (Bernfeld , 1951) . Hvis Freud mottatt noen formell opplæring i metodikk, kritisk vitenskapsfilosofi , var det med den aristoteliske filosof - psykolog Brentano . Jeg har ikke funnet noe i Freuds verker noen referanse til Aristoteles ' retorikk

eller noen direkte bevis for at han visste det ; det beste jeg kan gjøre er å tilby disse biter av

indisier (eller , som Aristoteles ville sagt det , for å gjøre et argument fra skilt). Det er altså mulig at Freud var på denne måten introdusert til enhetene av retorikk

og enthymemetic eller probabilistisk resonnement som legitime virkemidler i inguiry inn empiriske forhold . Hans avvisning av spekulativ , deduktiv nøyaktige system - bygningen kan

tyder på at han var imot den aristoteliske motsetningen mellom eksakte (eller matematisk)

og sannsynlige sannheten og velger å jobbe i den virkelige og omtrentlige verden der retorikk

var hensiktsmessige måter å tilnærme en eneste relative sannhet .

Måten jeg har satt dette synspunktet bevisst tåkelegger en fin, men viktig forskjell mellom to typer probabilism : som retorikk , der de tekniske midler av

plausibel resonnement brukes til å forbedre i sinnet til lytteren den subjektive Sannsynligheten for at høyttaleren Oppgaven er sant ; og at moderne skeptisk science , som

anvender de mest nøyaktige og strenge metoder mulig å måle sannsynligheten for en thesise

det vil si, mengden av trygghet kan vi ha at det er en god tilnærming til en realitet

som kan bli kontaktet bare asymptotisk . For den førstnevnte , er et bevis på etablering av
tro ; for sistnevnte , er verifisering avvisningen av et sikkert falsk nullhypotese og midlertidig aksept av en alternativ som den beste tilgjengelige i øyeblikket. Jeg gjør ikke mener at Freud så dette skillet klart ; i alle fall , det gjorde han ikke skrive som om han trodde
i disse vilkårene .
Sikkert han var en suveren retoriker , om han var en bevisst eller ikke. Han var en mester i alle sine fem deler, som vi har diskutert så langt i hovedsak aspekter ved den første , oppfinnelse , som omfatter de former for bevis : direkte bevis , argumentasjon fra bevisene , og indirekte hjelp av overtalelse av kraften av personlig inntrykk eller tilstedeværelse (ethos) eller ved kthe følelser han er i stand til å vekke av hans verbale appeller, hans bevegelser , jeg etc. (pathos) (Kennedy , 1963 , s. . 10) . Freuds fortreffelighet på ethos og pathos , og på to av delene , minne og levering sist , er beskrevet av Jones :
Han var en fascinerende foreleser . Forelesningene ble alltid opplyst av hans særegne ironisk humor . . . Han brukte alltid en lav stemme , kanskje fordi det kan bli ganske tøffe hvis anstrengt , men snakket med den ytterste tydelighet . Han har aldri brukt noen notater , og sjelden gjort mye forberedelser for en forelesning . . .
Den adoring biograf fortsetter med å si at Khe aldri brukt veltalenhet , jeg , men han ser ut til å
være å bruke begrepet i moderne forstand som synonymt med bombastiske , som var sikkert ikke
hva de gamle grekerne mente. Hva Jones beskrivelse formidler er en svært effektiv form for

personlig tilstedeværelse. Freud
snakket intimt og conversationally . . . Én mente han henvendte seg til oss personlig . . .
Det var ingen flimring av nedlatenhet i det , ikke engang et snev av en lærer . Publikum ble antatt å bestå av svært intelligente mennesker som han ønsket å formidle noen av sine siste opplevelser . . . (Jones , 1953 , s. . 341f .)
Med hensyn til de resterende to delene i den aristoteliske fem - del delingen av retorikk , arrangement og stil , kan mye bli skrevet , men det ville grøft på litterær kritikk .
Grekerne analyled stil evaluatively i form av de fire dydene av nøyaktighet, klarhet , utsmykning , og anstendighet ; Jeg vil bare spille mitt inntrykk at Freud ville tjene toppkarakterer på alle disse punkter.
Freud roste seg på å ha holdt vekk fra dette brawling kontroversen av polemikk . Bare én gang , sier han med en viss stolthet i sin selvbiografi (1925) , fikk han direkte besvare en kritiker , i 1f94 . Likevel er det åpenbart at han skrev i en polemisk humør mye av resten av sitt liv , alltid med en bevissthet som leseren kan være fiendtlig . Han var eksplisitt om det i mange brev til sine tilhengere . For eksempel vil Jung i 1909 :

Vi kan ikke unngå motstandene , så hvorfor ikke heller utfordre dem på onces Etter min mening angrep er det beste forsvar . Kanskje du undervurderer intensiteten av disse motstandene når du håper å møte dem med små innrømmelser . (tuoted i Jones , 1955 , s. . 436)

Og til Pfister to år senere :
Det er neppe mulig å ha en offentlig debatt om psykoanalyse ; man har ingen felles plattform , og det er ingenting å bli gjort mot de som lurer følelser . Bevegelsen er opptatt av dypet , og debatter om det må forbli så mislykket som de teologiske disputaser ved reformasjonen . (Jones , 1955 , s. . 450F .)

Føler dette sterkt , Freud kunne ikke gjort annet enn å nærme seg oppgaven med utredning som en av argument . Den amaling ting er at den dyktige verbale sverd la forskeren i Freud har gulvet så mye som han did.7

SAMMENDRAG
Og nå la meg gå tilbake til kognitiv stil i sin moderne teknisk forstand . som Klein bruker det , characteriles en kognitiv stil en person og hans unigue måte å behandle informasjon. Det er , selvfølgelig , likheter blant folk i disse henseender , og den dimensjoner der kognitive stiler kan bli analyled kalles kognitiv kontroll prinsipper . (Den mest nesten definitiv erklæring av prinsippene oppdaget av Klein og hans samarbeidspartnere finnes i monografien av Gardner , Hollman , Klein , Linton , m Spence , 1959 .)
Vi har sett at Freud hadde , til en uvanlig grad , en toleranse for tvetydighet og inkonsekvens . Han trengte det . Som jeg hevdet i tidligere avsnitt , ovenfor , hans tenkning alltid tok
plasser i sammenheng med gjennomgripende konflikter . I den første av disse, øm - minded , spekulativ ,
bredt - alt og fantasylike tenker stammer fra Naturphilosophie ble satt opp mot den disiplinerte physicalistic fysiologi av hans ærverdige lærere . Den andre konflikten involverte sett av påstander om virkeligheten og mennesker og , mer generelt , to motstridende verdensbilder , en humanistisk og en mekanistisk bilde av maneone kunstneriske , litterære ,
og filosofisk , den andre jordet i en reduksjonistisk ideell for vitenskap og sitt løfte om framgang gjennom objektivitet og rigor . Videre Freuds metapsychological modell sammenstøt

7 Som en kort økologiske side, vil jeg gjerne foreslå at Freud kan ha vært mindre av en fighter i hans
skriftlig dersom han hadde jobbet fra den beskyttende sikkerhet for en akademisk posisjon . Hans dyre professorat gjorde

ikke bære ansiennitet eller en lønn ; Freud opererte alltid fra den utsatt og ensom situasjon av privat
praksis .

på mange avgjørende punkter med virkeligheten ; slik at en ytterligere konflikt fant sted mellom ett sett
Freuds grunnleggende orientere forutsetninger og hans voksende kunnskap om fakta om
adferd .
På grunn av alle disse konfliktene , jeg tror at han måtte operere i sin karakteristisk løs - leddet måte . Hvis han hadde hatt en tvangsmessig behov for klarhet og konsistens , ville han trolig ha måttet gjøre valg og løse sine intellektuelle konflikter . Hvis han hadde fulgt veien for hardt - nøktern vitenskap , ville han ha vært fangen av metodene og forutsetninger han lærte i sin medisinske skolen og dens laboratorieseanother , mer begavet Exner , som kanskje har skrevet en rekke gode nevrologiske bøker som en på afasi , men hvem ville trolig ha emulert hans forsiktige samtidige i styre klar av hysteriske pasienter . Og hvis han hadde snudd ryggen på innsatsen på vitenskapelig disiplin og hadde åpnet slusene til hans spekulative oppfinnsomhet , kanskje vi har hatt en flom av Nature - filosofiske essays , men ingenting som psykoanalyse ; eller hvis humanist i ham hadde avgjørende vunnet over mekanist , kanskje han har skrevet strålende romaner , men aldri ville ha gjort sine store oppdagelser .
Men fordi Freud var i stand til å holde en fot i kunst og en vitenskap , fordi han kunne komfortabelt beholde sikkerheten til en modell arvet fra respekterte autoriteter uten sin helt blinding ham til aspekter av virkeligheten som det ikke hadde noe sted , var han i stand til å være
usedvanlig kreativ . Produktiv originalitet i naturfag innebærer en dialektikk av frihet og kontroll , fleksibilitet og fasthet , spekulasjoner og selv - kritisk sjekking . uten noen løsning av kjeder av konvensjonell , trygg , sekundære - prosesstankegangen , kan det være lite
originalitet ; Pegasus skal ha en sjanse til å ta vingen . Men frigjøring alene er ikke nok . Hvis

fleksibilitet er ikke ledsaget av disiplin , blir det flyt , og da har vi en visjonær , en Phantast (som Freud en gang kalte seg og Fliess) i stedet for en vitenskapsmann . Det var nettopp dette som Freud fryktet i seg selv . De dristige men fruktbare ideer skal sorteres fra de bare dristig eller positivt tankeløs seg ; innsikt må være omhyggelig sjekket ; nye konsepter må bli jobbet i en struktur av lover slik at de passer greit , støtte opp og utvide byggverk . Alt dette tar en holdning som er antitetisk til den tidligere , mer strengt kreativ en . Det spør en god del av en mann , derfor , at han blir flinke i begge typer tenkning og i stand til å skifte riktig fra rollen som drømmeren som for kritiker . Kanskje det er en grunn til at vi har så få virkelig store vitenskapsmenn .
Denne første store karakteristisk for Freuds kognitiv stil er påfallende minner om

prinsippet om kognitiv kontroll kalt av Klein og hans medarbeidere toleranse for ustabilitet eller
for urealistiske opplevelser . khTolerant ' fagene pas forhold til intolerant onesq virket i egually adeguate kontakt med ytre virkelighet , men var mye mer avslappet i sitt aksept av både ideer og perseptuelle organilations som reguired avvik fra konvensjonell " (Gardner et al. 1959 , s. 93). Det er en avslappet og fantasifull form for sinnet ,
motsetning til den typen som strengt klamrer seg til en bokstavelig tolket virkelighet . Og Freud (1933)
var usedvanlig villig til å underholde parapsykologiske hypoteser som går langt utover vitenskapelig konvensjonelle begreper om virkeligheten . Telepati er guite bokstavelig talt en kunrealistic
erfaring.Jeg
Hvis Freud var tolerant av tvetydighet , inkonsekvens , ustabilitet , og urealistisk opplevelser , det var en lignende - klingende tilstand at han ikke kunne tolerere : meningsløshet , under forutsetning av at en prosess var stokastisk eller at et fenomen

oppstått på grunn av tilfeldige feil . Ingen tvil om denne holdningen førte ham til tider inn overfortolkes data og lesing meaningeespecially dynamisk eller motiverende meaningeinto atferd urettmessig . Men det har også ansporet hans grunnleggende oppdagelser , for eksempel
at av den primære prosessen og interpretability av drømmer , nevrotiske og psykotiske symptomer.
La oss se om de resterende fem dimensjoner beskrevet av Gardner , Hollman , Klein , Linton , og Spence ikke danne et nyttig rammeverk for summariling Freuds måte å tenke . Det virker sikkert sannsynlig at Freud var sterkt felt - uavhengig . indre --- regisserte han sikkert var , og Graham (1955) har vist en empirisk sammenheng mellom
Riesman -tallet (1950) og Witkin menn (1949) begreper . Her er en Gardner et al. beskrivelse av
den type person som er felt - independentenot markert avhengig av synsfeltet for orientering til oppreist : han er characteriled av k (a) aktivitet i håndteringen av miljø ; (b) . . . hinner liv ' og effektiv kontroll av impulser , med lav angst ; og (c) høy selv - følelse , inkludert tillit i kroppen og en relativt voksen kropp - image . jeg Det høres en god avtale som Freud , bortsett fra muligens for hans ambivalente og heller hypokondrialc holdning til hans bodyekpoor Konrad , jeg så han skjevt kalte det . Linton (1955) har videre vist at feltet - uavhengige folk er lite utsatt for gruppen innflytelse , sikkert sant av Freud .
I sin preferanse for et lite antall ekstremt bredt definert motiverende konsepter , synes Freud å ha hatt en bred likeverdighet spekter . Og på Kleins dimensjon
fleksibel versus innsnevret kontroll , Freud ville ganske sikkert ha scoret godt over på fleksibel slutten . Var han ikke krelatively komfortabel i situasjoner som involverte motstridende eller

påtrengende signaler . . . ikke overimpressed med en dominerende stimulus
organilation om . . . en annen del av feltet pwasq flere appropriateis Og sikkert han ikke
kdid tendens til å undertrykke følelsen og andre interne cues.i Dette er beskrivelsen av
fleksibelt - (. . Gardner et al , 1959 , s. 53F .) kontrollert emne.
De to andre dimensjoner av kognitiv kontroll synes mindre relevant . Skanning (mot
fokusering) som en måte å bruke oppmerksomhet kan synes å foreslå hvordan Freud
deltok til hans
pasienter , men det er gualitatively forskjellige. Skanning er ledsaget av evnen til å
konsentrere seg om det er viktig, men på bekostning av isolering av betydning , og
overintellectualilation ; det er ikke så mye passivt avslappet til stede som et rastløst
roaming
søke etter alt som kan være nyttig . Og så langt jeg kan bedømme , Freud var ikke
enten en leveler eller en knivsliper ; han verken fast uklare skiller og unyansert
han var heller ikke spesielt våken til fine forskjeller og alltid på utkikk etter små
endringer i
situasjoner .
Det er rimelig å konkludere med , tror jeg, at noen av disse prinsippene i kognitiv
kontroll synes
guite apt og nyttig , selv om en god del av smaken av Freuds unigueness som en tenker
er
tapt når vi bruker dem til ham . I tillegg er et par andre aspekter av kognitiv stil
har blitt foreslått som characteriling Freud . Kaplan (1964) begynner en generell
omtale av
den kognitive stil av atferdsforskere slik: k . . . tanke og dens uttrykk er sikkert
ikke helt uavhengige av hverandre , og hvor vitenskapelige funn er formulert for
innlemmelse i kroppen av kunnskap reflekterer ofte stilistiske trekk av tenkningen
bak themn (s. 259) . Han fortsetter med å beskrive seks viktigste stiler , og nevner
Freud i
forbindelse med de to første av dem : den litterære og akademiske stiler . den litterære

stilen er ofte opptatt av enkeltpersoner , tolket klargely i form av den spesifikke
formål og perspektiver av skuespillerne , snarere enn i form av det abstrakte og
generelle
kategorier av vitenskapsmannens egen forklarende ordningen. . . Freuds studier av
Moses og
Leonardo . . . vise noe av denne stilen . " The akademisk stil , derimot , er kmuch
mer abstrakt og generelt. . . Det er noe forsøk på å være presis , men det er verbal
heller
enn i drift. Ordinære ord blir brukt i spesielle sanser , for å utgjøre et teknisk
vokabular . . . . pTreatment av dataq har en tendens til å være svært teoretiske , om
ikke faktisk utelukkende

spekulativ . Systemet er innført i form av store hprinciples , ' brukt om og om igjen til konkrete saker , noe som illustrerer generalilation stedet for å tjene som bevis for det . " Kaplan
siterer kessays i psykoanalytisk teori " generelt som eksempler , men jeg stoler på det vil være tydelig
hvor godt disse beskrivelsene characterile og summarile mye av det jeg har brakt ut om Freud .

En ti bud for leseren av Freud

For å konkludere , la meg komme tilbake til mitt opprinnelige utsagn om at en bedre forståelse av
Freuds intellektuelle bakgrunn og kognitiv stil ville hjelpe den moderne leseren til les ham med innsikt i stedet for forvirring, og forsøk for å gi den substans i form av ten formaninger . Som en annen ti bud , kan de bli redusert til en gylden regel : være empatisk
snarere enn projectiveelearn hva er mannens egne premisser og ta ham på dem . En . Vokt dere for å løfte utsagn ut av sammenheng . Denne praksisen er særlig fristende å
lærebok forfattere, polemiske kritikere , og forsknings - minded kliniske psykologer som er
mer opptatt av å få rett til testing av proposisjoner enn å gjennomføre den langsomme studie av en
stort korpus av teori . Det er ingen erstatning for å lese nok av Freud for å få sin fulle betydning, noe som er nesten aldri fullt uttrykt i et enkelt avsnitt på uansett hvor spesifikke et poeng .
To . Ikke ta Freuds ekstreme formuleringer bokstavelig . Behandle dem som sin måte å ringe
oppmerksomheten mot et punkt . Når han sier knever , jeg kinvariably , jeg kconclusively , jeg og lignende ,
les videre for gualifying og mykgjørende uttalelser . Husk den endringen som har skjedd plasser i den generelle atmosfæren siden Freud skrev hans hovedverk ; sosial aksept og
respektabilitet har erstattet sjokk og fiendtlighet , som gjorde Freud føler at hans var et lite
og ensom stemme i en kald villmark , slik at han måtte rope for å bli hørt i det hele tatt .

. 3. Se opp for inkonsekvens ; ikke heller turen over dem eller seile på dem med skadefro , men ta dem som ufullstendige dialektiske formuleringer venter syntesen som Freuds kognitiv stil gjorde ham hele tiden å komme tilbake fra .

4 . Vær på vakt for figurativt språk , personifiseringen spesielt (reified formuleringer av begreper som Homunculi). Husk at det er der først og fremst for fargen, selv om det gjorde til tider føre Freud vill selv , og at det er fagreste til ham å stole primært på de av hans uttalelser om saker som er minst poetiske og dramatiske .
. 5 Ikke forvent strenge definisjoner ; ser heller for betydningen av hans ord i måter de blir brukt i løpet av en tidsperiode. Og ikke å bekymre seg om du finner et ord å være
brukt på ett sted i sitt vanlige, litterær betydning, på en annen i en spesiell teknisk forstand
som endres med utviklings status av teorien . Et foretak som
Dictionary of Psychoanalysis , satt sammen av et par flittige men misforståtte analytikere
som løftet definisjon - som setninger fra mange av Freuds verker , er helt feil i unnfangelsen og røper en total misforståelse av Freuds stil av tenkning og arbeid .
6 . Vær benignly skeptisk Freuds påstander om bevis på at noe har blitt etablert hinsides tvil . Husk at han hadde ulike beviskrav enn vi gjør i dag , at han avviste forsøket delvis fra en også - smal oppfatning av det, og dels fordi han hadde funnet det stilistisk uforenlig lenge før selv de første verkene til RA Fisher , og hadde en tendens til å forvirre en replikert observasjon med en bekreftet teori om fenomenet i question .
7 . Husk at Freud ble overfond dikotomier , selv når hans data var bedre conceptualiled som avhengige variabler ; generelt , ikke anta at teorien er brutt av at det blir uttalt mye av tiden i metodisk uforsvarlig skjema .

f . Vær på vakt mot Freuds overtalelsesevne . Husk at han var en mektig retoriker i områder hvor hans vitenskapelige fotfeste var usikker . Selv om han var ofte rett , det var ikke alltid de grunner han ga , som er nesten aldri virkelig tilstrekkelig til å bevise sin sak , og ikke alltid i den grad at han håpet .
Til slutt , være spesielt forsiktig med å bevege seg mot en av to ekstreme og egually uholdbare posisjoner : det vil si
9 . Ikke ta Freuds hver setning som en dyp sannhet som kan presentere vanskeligheter men bare på grunn av våre egne inadeguacies , vår fotgjenger problemer med å holde tritt med den
svevende sinn av et geni som ikke alltid gidder å explicate trinn som var opplagt for ham , men som vi må levere etter strevsom exegetical stipend . Dette er fristelsen av forskere som arbeider innenfra de psykoanalytiske institutter , de oppriktige Freudians
som , til Freuds ergrelse , hadde allerede begynt å dukke opp i løpet av hans levetid . For de fleste av oss
på universitetene , er det tilsvarende fristelsen jo mer farlig :

10 . Ikke la deg bli så fornærmet av Freuds blundere fra metodologisk renhet som du forkaste ham helt. Nesten enhver leser kan lære en enorm masse fra Freud hvis han vil lytte nøye og sympatisk og ikke ta hans uttalelser for alvorlig.

Referanser

Amacher , P. 1965 . Freuds nevrologisk utdanning og dens innflytelse på psykoanalytisk teorien . Psykiske problemer , 4 : Monograph No 16 .
Andersson. O. 1962 Studier i forhistorien til psykoanalysen : . Etiologien av psyclioneuroses og noen relaterte temaer i Sigmund Freuds vitenskapelige skrifter og brev, 1886-1896 . Stockholm: Svenska Bokförlaget Norstedts .
Bernfeld , S. 1944 . Freuds tidligste teorier og skolen av Helmholtl . Psykoanalytisk Quarterly , 13 : 342 --- 362 .
xxxxx 1951 . Sigmund Freud . M.D. . 1ff2 --- 1ff5 . International Journal of Psychoanalysis , 32 :
204 --- 217 .
Kjedelig . EG 1954 . Gjennomgang av kThe livet og arbeidet til Sigmund Freud.n vol . I. av Ernest Jones .
Psychological Bulletin, 51 : 433 --- 437 .
Breuer . J. . Og Freud . S. 1955 . Studier på hysteri . Standard Edition , vol . . 2 London : Hogarth .
Bry , Ilse . og Rifkin . . Et H. 1962 Freud og idéhistorie : primærkilder . 1ff6 --- 1910 . I Science og psykoanalyse , vol . V., ed . J.H. Masserman . New York : Grune m Stratton .
Chein . I. 1972 . Vitenskapen om atferd og bildet av mannen . New York : Basic Books.
Cranefield . P.F. 1957 . Den organiske fysikken i 1f47 og biofysikk i dag . Journal of History of Medicine , 12 : 407-423 .
Culbertson , J.T. 1963 . Sinnene av roboter . Urbana : University of Illinois Press .
Darwin. C. (1f59) På artenes opprinnelse . Cambridge : Harvard University Press . 1964 .
Ellenberger . H. F. 1956 . Fechner og Freud . Bulletin of Menninger Clinic , 20 : 201-214 .
. xxxxx 1970 Oppdagelsen av det ubevisste ; historien og utviklingen av dynamisk psykiatri .
New York : Basic Books.
Freud . S. (1f95) Prosjekt for en vitenskapelig psykologi. Standard Edition , vol . . En London :

Hogarth Press, 1966 .
xxxxx (1f96) Etiologien til hysteri . Standard Edition . Vol . . 3 London : Hogarth . . 1962
xxxxx (1ff7 - 1902) Opprinnelsen til psykoanalyse . New York : Basic Books. 1954 .
xxxxx (1900) Tolkningen av drømmer . Standard Edition , bind . . 4 m 5 London :
Hogarth .
1953 .
xxxxx (1901) Den psykopatologi av hverdagen . Standard Edition . Vol . . 6 London :
Hogarth . I960 .
xxxxx (1905a) Vitser og deres forhold til det ubevisste . Standard Edition , vol . f .
London :
Hogarth , 1960 .
xxxxx (1905b) Tre essays om teorien om seksualitet . Standard Edition , vol . . 7
London :
Hogarth , 1953 .
xxxxx (1905c) Fragment av en analyse av et tilfelle av hysteri . Standard Edition , vol . .
7 London :
Hogarth , 1953 .
xxxxx (1906) Mine synspunkter på den delen spilt av seksualitet i etiologien av
nevroser .
Standard Edition , vol . . 7 London : Hogarth , 1953 .
xxxxx (1912a) Anbefalinger til leger som praktiserer psyko - analyse. Standard Edition ,
Vol . . 12 London : Hogarth , 195f .
xxxxx (1912b) En kommentar om det ubevisste i psyko - analyse . Standard Edition ,
vol . 12 .
London : Hogarth , 195f .
xxxxx (1913) Totem og tabu . Standard Edition , vol . . 13 London : Hogarth , 1955 .
xxxxx (1914) På narsissisme : En introduksjon . Standard Edition , vol . 14 London : .
Hogarth ,
1957.
xxxxx (1915a) Instincts og deres omskiftninger . Standard Edition , vol . 14 London : .
Hogarth ,
1957.
xxxxx (1915b) undertrykkelse . Standard Edition , vol . . 14 London : Hogarth . 1957.
xxxxx (1915c) Den ubevisste . Standard Edition , vol . . 14 London : Hogarth , 1957 .
xxxxx (1916-1917) Innledende foredrag om psyko - analyse. Standard Edition , bind .
15 m 16 .
London : Hogarth , 1963.
xxxxx (1917) Mourning og melankoli . Standard Edition , vol . . 14 London : Hogarth ,
1957 .

xxxxx (1920) Beyond the lystprinsippet . Standard Edition , vol . 1f . London : Hogarth ,
1955.
xxxxx (1921) Gruppepsykologi og analysen av ego . Standard Edition , vol . 1f .
London : Hogarth , 1955 .
xxxxx (1923) The ego og id . Standard Edition , vol . . 19 London : Hogarth , 1961 .
xxxxx (1925) En selvbiografisk undersøkelse . Standard Edition , vol . . 20 London :
Hogarth , 1959 .
xxxxx (1926a) hemninger , symptomer og angst . Standard Edition , vol . . 20 London :
Hogarth , 1959 .
xxxxx (1926b) Den guestion av lay analyse . Standard Edition , vol . 20 London : .
Hogarth ,
1959 .
xxxxx (1927) Fremtiden for en illusjon . Standard Edition , vol . . 21 London : Hogarth ,
1961 .
xxxxx (1930) Civililation og dens misnøye . Standard Edition , vol . 21 London : .
Hogarth ,
1961 .
xxxxx (1933) Nye innledende forelesninger om psyko - analyse. Standard Edition , vol .
22 .
London : Hogarth , 1964 .
xxxxx (1934 - 3f) Moses og monoteisme : tre essays . Standard Edition , vol . . 23
London :
Hogarth , 1964 .
xxxxx (1940) Et omriss av psyko - analyse . Standard Edition , vol . 23 London : .
Hogarth ,
1964 .
xxxxx (1960) Brev av Sigmund Freud . E. L. Freud . New York : Basic Books.
Galdston , I. 1956 . Freud og romantisk medisin . Bulletin of History of Medicine , 30 :
4f9 -
507 .
Gardner, RW , Hollman , PS , Klein , GS , Linton , Harriet B. , og Spence , DP 1959 .
Kognitiv kontroll , en studie av individuelle konsistenser i kognitiv atferds .
Psykologiske problemer , 1 , Monograph No 4 .
Genung , JF 1900 . Arbeids prinsipper for retorikk . Boston : Ginn .
Graham, Elaine . . 1955 Indre - regissert og andre - rettet holdninger . upublisert
avhandling , Yale University
Holt, RR 1961 . Klinisk skjønn som en disiplinert inguiry . Journal of Nervous og Mental

Sykdom , 133 : 369 --- 3f2 .

xxxxx 1962 . En kritisk undersøkelse av Freuds begrepet bundet vs gratis cathexis . Journal of
American Psykoanalytisk forening , 10 : 475-525 .
. xxxxx 1963 To påvirkninger på Freuds vitenskapelig tenkning : et fragment av intellektuell
biografi . I studiet av liv , ed . R. W. White . New York : Atherton Press .
. xxxxx 1964 Imagery : avkastningen av ostraciled . American Psychologist , 194 : 254 -- - 264 .
xxxxx 1965a . En gjennomgang av noen av Freuds biologiske forutsetninger og deres innflytelse på hans
teorier . I psykoanalyse og nåværende biologiske tanke, ed . N. Greenfield og W. Lewis. Madison : University of Wisconsin Press .
xxxxx 1965b . Freuds kognitiv stil . American Imago , 22 : 167 --- 179 .
xxxxx 1967 Beyond vitalisme og mekanisme : . Freuds begrepet psykisk energi . i Science
og psykoanalyse , ed . J. H. Masserman . Vol . wl , New York : Grune m Stratton .
xxxxx 196f . Freud , Sigmund . International Encyclopedia of samfunnsvitenskap , vol . 6 . New
York : Macmillan , The Free Press .
xxxxx 1972a . Freuds mekanistiske og humanistiske bilder av mannen . I psykoanalyse og
moderne vitenskap , red. R.R. Holt og E. Peterfreund . Vol . I. New York : Macmillan
xxxxx 1972b . På natur og generalitet av mentale bilder . I Funksjonen og natur
symbolikk , ed . P. W. Sheehan . New York : Academic Press .
Hunter , RA, og MacAlpine , I. , red. 1963 Tre hundre år med psykiatri , 1535-1860 : . En
historie presentert i utvalgte engelske tekster . London : Oxford University Press .
Jackson , SW 1969 . Historien om Freuds begreper om regresjon . Journal of American Psykoanalytisk forening , 17 : 743 - 7f4 .
Jones, E. 1953 , 1955 , 1957 . Den livet og arbeidet til Sigmund Freud , bind . I, II , m III . New York :
Basic Books .
Kaplan , A. 1964 . Gjennomføringen av henvendelsen . San Francisco : Chandler .
Kennedy , G. 1963. Kunsten å overbevise i Hellas . Princeton : Princeton University Press .
Klein , GS 1951 . Den personlige verden gjennom persepsjon . I Perception : En tilnærming til
personlighet , ed . R. R. Blake og G. V. Ramsey . New York : Ronald Press .
xxxxx 1970 . Perception , motiver og personlighet . New York : Knopf .

Linton , Harriet B. 1955 Avhengighet av ytre påvirkning : . Korrelerer i persepsjon , holdninger og dømmekraft. Journal of Abnormal and Social Psychology , 51 : 502-507 .

McBurney, JH 1936. Stedet av enthymeme i retorisk teori. Tale monografier, 3 : 49 --- 74.

Nünberg, H. (1931) Den syntetiske funksjon av ego. I praksis og teori om psykoanalyse. New York : Nervøs m psykiske lidelser Publishing Co, 194f, pp. i20 - 136.

Rapaport, D. 1959 Strukturen i psykoanalytisk teori : . Et systematiling forsøk. i Psykologi : En studie av en vitenskap, vol. 3, ed. S. Koch. New York : McGraw --- Hill. xxxxx og Gill, MM 1959. Den synspunkter og forutsetninger om metapsychology. International Journal of Psycho - Analyse, 40 : 153-162.

Riesman, D. 1950. Den ensomme publikum. New Haven : Yale University Press.

Spehlmann, R. 1953 Sigmund Freuds neurologische Schriften : . Eine Unter - suchung zur Vorgeschichte der psykoanalysere. Berlin : Springer Verlag. (Engelsk sammendrag av H. Kleinschmidt i årlige undersøkelse av psykoanalyse, 1953, 4 : 693-706).

Witkin, HA 1949. Perception av kroppsstillingog av posisjonen av synsfeltet. Psykologiske monografier, 63. (7 Whole nr. 302.).